KB180262

손주랑 생활영어 100

일상과 이상을 이어주는 책
일상이상

손주랑 생활영어 100

초판 1쇄 찍은날 2024년 4월 30일
초판 1쇄 펴낸날 2024년 5월 10일
펴낸이 김종필 | 펴낸곳 일상과 이상 | 출판등록 제300-2009-112호
주소 경기도 고양시 일산서구 후곡로 10 910-602
전화 070-7787-7931 | 팩스 031-911-7931
이메일 fkafka98@gmail.com
ISBN 978-89-98453-99-2 (03740)

· 책값은 표지 뒤쪽에 있습니다.
· 파본은 구입하신 서점에서 교환해 드립니다.

시니어 파워잉글리시 ●●●1

100일 100문장으로 원어민처럼 말하는

손주랑 생활영어 100

파워잉글리시 지음

일상이상

다시 시작하고 싶은 영어 공부, 손주랑 즐겁게 시작하세요!

요즘 아이들은 영어를 정말 잘하죠? 아장아장 걸음마를 시작할 때부터 영어를 입에 달고 삽니다. 하지만 여러분은 어떻습니까? 여러분들이 영어를 배울 때에는 문법 위주로 배웠기 때문에 간단한 생활회화를 하는 것조차 어렵다고 하시는 분들이 많습니다.

일상생활에서 영어로 된 간판이나 상품 이름을 자주 접해야 하고, 손주들과 영어로 대화하고 싶지만 간단한 회화도 말하기 어려울 때가 있으신가요? 가족이나 지인들과 해외여행을 갈 때, 길을 묻거나 물건을 구입하려 할 때, 꿀 먹은 벙어리가 되지는 않으셨나요? 그래서 많은 분들이 영어를 다시 공부해야겠다고 다짐하십니다.

파워잉글리시는 원어민 코치와 대화를 나누며 영어를 공부하는 1대1 전화·화상 회화 프로그램을 20여 년간 운영하고 있는데, 이 책은 파워잉글리시의 오랜 학습 노하우를 바탕으로 만든 시니어 대상 생활영어 단행본입니다.

여러분 중에는 경제활동으로 바쁜 자녀를 대신해 손주를 돌봐주는 분들도 많은데, 손주랑 함께 영어회화를 공부할 수 있다면, 손주 그리고 자녀에게 멋진 할아버지 할머니 또는 아버지 어머니가 될 수 있겠죠? 이 책은 바로 그런 여러분의 바람을 충족할 책이 될 것입니다.

이 책을 통해 여러분 자신은 물론 손주의 영어 실력을 길러주길 바랍니다.

일상에서 가장 많이 쓰는 생활 회화 100문장을 내 것으로!

이 책은 손주와 함께 생활 속에서 가장 많이 쓰는 필수 생활영어 100문장을 공부하도록 만들었습니다. 일상에서 가장 많이 사용하는 100가지 표현 문장을 100일간 공부하면서 말문이 술술 트이도록 했고, 파워잉글리시 원어민 코치의 원어민 음원을 들으며 따라 말하고, 배운 단어를 따라 쓰며 복습하도록 구성했습니다.

1. 시니어 독자를 위한 큰 글씨 책

나이 들수록 가까이 있는 것들이 흐릿하게 보여서 답답하시죠? 이 책은 시니어 여러분을 위해 큰 글씨 책으로 만들었습니다. 영어 원문과 실제 영어 발음, 한국어 번역문 모두를 큰 글씨로 표기했습니다.

우리 지금 어디 가요?

Where are we going?
웨어 아 위 고잉?

우린 슈퍼 가는 거야.

We are going to the grocery store.
위 알 고잉 투 더 그로서리 스토어.

Expression

우린 슈퍼 가는 거야.
We are going to the grocery store.

2. 원어민 음원을 들으면서 공부

파워잉글리시는 원어민 코치와 대화를 나누며 영어를 공부하는 1대1 전화·화상 회화 프로그램을 20여 년간 운영

하고 있는데, 이 책은 실제 원어민 발음을 들으며 공부할 수 있도록 원어민 음원 QR코드를 수록했습니다.

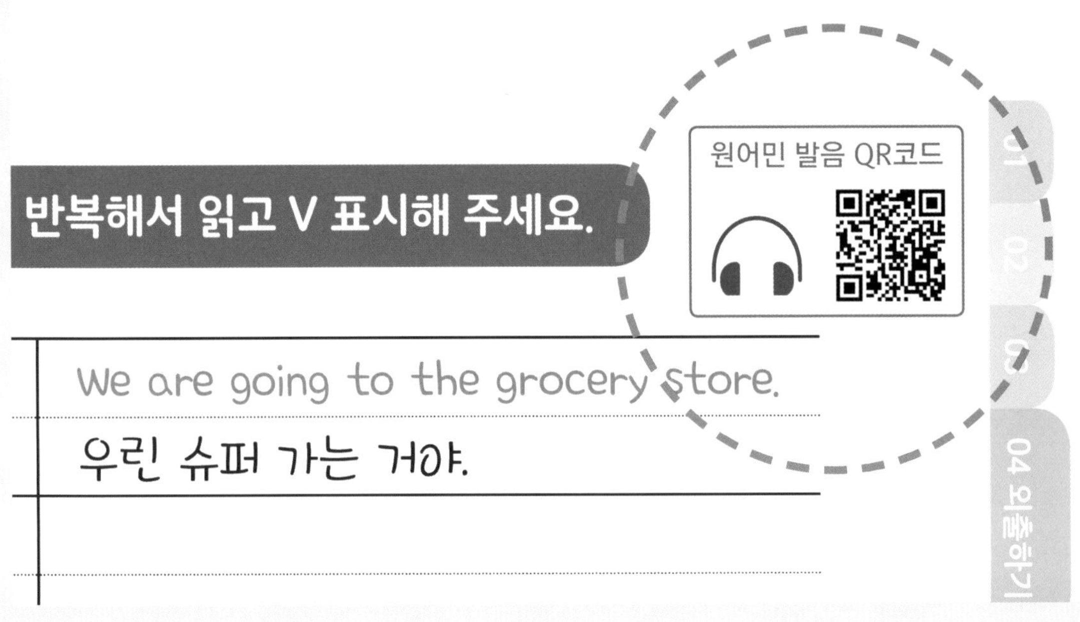

원어민 발음 QR코드
반복해서 읽고 V 표시해 주세요.
We are going to the grocery store.
우린 슈퍼 가는 거야.
01
02
03
04 외출하기

3. 배운 단어를 따라 쓰며 반복학습

나이 들수록 공부한 것을 금세 까먹게 됩니다. 생활회화를 원어민 발음을 들으며 소리 내어 읽더라도 돌아서면 언제 그랬냐는 듯 까먹게 되죠. 이 책은 배운 단어를 따라 쓰며 반복학습할 수 있도록 했습니다.

4. 권말부록 '생활영어 100포스터' 수록

작심삼일이라고 책을 사놓고 끝까지 읽지 않는 독자가 절반 이상이라고 합니다. 영어공부도 마찬가지입니다. 처음에는 목표를 세우고 도전하지만 끝까지 해낸 사람은 드뭅니다. 이 책은 영어공부를 시작하는 첫날부터 끝마치는 날까지 초심을 잃지 않고 공부하며, 성취감을 높이기 위해 권말부록으로 '생활영어 100 포스터'를 수록했습니다.

이 포스터를 식탁 또는 벽에 붙이고 틈날 때마다 바라보면 반복학습을 할 수도 있고, 학습 성취감도 드높일 수 있습니다.

생활회화 100

01. Please get dressed. 옷 입고 신발 신어.
02. Let's get in the elevator. 엘리베이터 타자.
03. Remember to buckle up your seatbelt. 안전벨트 잊지 마.
04. We are going to the grocery store. 우린 슈퍼 가는 거야.
05. Let me take a picture of you. 사진 찍어 줄게.
06. Do you need to use the restroom? 너 쉬하고 싶구나?
07. Look out for cars. 차 조심해.
08. You must be hungry. 너 배고프겠다.
09. It's snowing heavily. 눈이 많이 내리고 있어.
10. Are you sick? 어디 아픈 거니?
11. I love you too? 할머니가 사랑하는 거 알지?
12. Hurry up! You're going to be late! 서둘러, 늦겠다!
13. Come and have your breakfast. 와서 아침 먹어.
14. What would you like to eat? 뭐 먹고 싶어?
15. Did you fart? 방귀 뀌었어?
16. Tell me about what you learned at school. 오늘 뭘 배웠는지 알려줘.
17. Don't forget to use soap. 비누로 씻자.
18. Would you like a snack? 간식 줄까?
19. Did you have a good time at preschool? 유치원 재미있었니?
20. It's time to take a bath. 목욕할 시간이야.
21. Did you have a good time with your friends? 친구들과 사이좋게 놀았어?
22. Sleep well, and I'll see you tomorrow. 잘 자고 내일 보자.
23. Let's read some books. 우리 책 읽자.
24. Would you like a hug? 안아 줄까?
25. You need to keep your promise. 약속 지켜야지.
26. You're having too many sweets. 너 단것 너무 많이 먹어.
27. I don't think that's a good idea. 그렇게 하지 마.
28. Be careful! 조심해!
29. Sit back away from the TV. TV에서 물러나렴.
30. Don't ever hit your brother. 동생 때리면 안 돼.
31. Put your toys away first. 먼저 장난감 치워.
32. You are just like a baker! 너 요리사 같다!
33. What shape do you want the cookies to be? 어떤 모양 만들고 싶어?
34. What do you want to watch today? 오늘 저녁엔 어떤 프로그램 볼까?
35. What game should we play? 무슨 놀이할까?
36. Sorry, I'm too busy. 미안, 너무 바빠.
37. Only five more minutes, okay? 딱 5분만 더 하는 거다?
38. Time's up! No more TV! 시간 다 되었어! 이제 끝!
39. Rock, paper, scissors! 가위바위보!
40. Let's play doctor. 병원놀이 하자.
41. What do you feel like drawing? 뭘 그리고 싶니?
42. Let's use scissors to cut it. 가위로 오려 보자.
43. What do you want to build with blocks? 블록으로 뭘 만들고 싶니?
44. What song do you want to sing? 무슨 노래 부를까?
45. You should stop now. 이제 그만해.
46. You are good at drawing. 그림 잘 그리네.
47. You should share. 같이 써야지.
48. Why don't we read some books? 우리 책 좀 읽으면 어떨까?
49. You should keep going? 계속해 보는 게 어때?
50. I'll wait for you here at home. 여기 있을게.
51. You should say it in a nice way. 말 예쁘게 해야지.
52. Don't go too far. 너무 멀리 가지 마.
53. I want to go and play at the playground. 놀이터에서 놀고 싶어요.
54. Have you finished playing? 다 놀았어?
55. Do you want to go on the swing? 그네 타고 놀래?
56. Let's play hide-and-seek. 숨바꼭질하자.
57. Where are you? 어디로 갔지?
58. How long should we play? 우리 얼마 동안 놀까?
59. It'll be so much fun? 재미있겠지?
60. Let's look around. 한번 구경해 보자.
61. When do you feel the happiest? 언제 가장 행복해?
62. What is your favorite class? 가장 좋아하는 수업은 뭐야?
63. What is your favorite way to exercise? 가장 좋아하는 운동은 뭐야?
64. What are you really good at? 네가 가장 잘하는 건 뭐야?
65. What game do you want to play today? 어떤 놀이를 하고 싶어?
66. What subject do you find difficult? 어떤 공부가 어려워?
67. How can I help? 어떤 걸 도와줄까?
68. What time of the day do you find the hardest? 하루 중에 가장 힘든 순간은 언제야?
69. What fun thing did you do yesterday? 어제 무슨 재미있는 일이 있었어?
70. Do you often have the same dream? 자주 꾸는 꿈이 있어?
71. What is your favorite song? 어떤 노래가 좋아?
72. Did anything good happen today? 오늘 좋은 일이 있었니?
73. I want to go to the zoo. 동물원에 가고 싶어요.
74. What is your favorite color? 가장 좋아하는 색깔이 뭐야?
75. What was the best thing that happened today? 오늘 어떤 순간이 가장 특별했니?
76. Who is your best friend? 어떤 친구와 친해?
77. How do you make up with friends after a fight? 친구들과 싸우면 어떻게 화해하니?
78. What is the most memorable present you've ever gotten? 너는 기억에 남는 선물이 있니?
79. Why don't you introduce yourself? 자기소개해 볼까?
80. What do you see when you look up to the sky? 하늘을 올려다보면 어떤 것들이 보여?
81. What do you like to do on a rainy day? 비 오는 날 무엇을 하고 싶어?
82. How would you feel if you could fly in the sky? 하늘을 날 수 있다면 어떨 것 같아?
83. What is your dream job? 어떤 꿈이 있니?
84. What do you want to do during your vacation? 방학에 무엇을 하고 싶어?
85. If you could do magic, what kind of magic would you want to do? 마법을 사용할 수 있다면 어떤 마법을 해보고 싶어?
86. If time stood still, what would happen? 만약 시간이 멈춘다면 어떤 일이 일어날까?
87. What is your favorite memory? 가장 기억에 남는 순간은 언제였어?
88. What do you do when you feel really bad? 마음이 힘들 때 어떻게 해?
89. Who is your favorite teacher? 어떤 선생님을 좋아해?
90. What do you appreciate about today? 오늘 무엇에 감사해?
91. You have such a creative imagination! 넌 정말 창의적인 상상력을 가지고 있구나!
92. I like the way you express your thoughts. 네가 생각을 표현하는 방식이 너무 좋아.
93. You prepared so hard! 넌 정말 열심히 준비했구나!
94. You are very funny. 넌 굉장히 재미있어.
95. No matter what you do, you do your best! 어떤 일을 해도 최선을 다하는구나!
96. You really listen carefully. 넌 정말 열심히 듣는구나.
97. You are a fast learner Wonderful. 새로운 것을 빨리 배울 수 있구나. 대단해.
98. You are trying to be a good friend. 좋은 친구가 되기 위해 노력하는구나.
99. You have a great memory! 기억력이 대단하다!
100. Even though it's difficult, you are being so brave! 어려운 순간인데 용감하구나!

차례

일상에서 가장 많이 쓰는 문장 30

01 외출하기

서둘러! 우리 지금 나가야 해!

Hurry up! We are leaving now!

허리 업! 위 알 리빙 나우!

옷 입고 신발 신어.

Please get dressed.

플리즈 겟 드레스드.

Expression

옷 입고 신발 신어.

Please get dressed.

3번 반복해서 읽고 V 표시해 주세요.

원어민 발음 QR코드

○○○	Please get dressed. 옷 입고 신발 신어.
○○○	
○○○	
○○○	
○○○	
○○○	
○○○	

LEVEL UP! 회화선생님과 함께 연습해 보세요.

Q. Could you share your routine for getting ready?

밖으로 나가기 전 준비하는 과정을 함께 이야기해 볼까요?

버튼 눌러 줄래?

Can you press the button?

캔 유 프레스 더 버튼?

엘리베이터 타자.

Let's get in the elevator.

렛츠 겟 인 디 엘리베이터.

Expression

엘리베이터 타자.

Let's get in the elevator.

3번 반복해서 읽고 V 표시해 주세요.

원어민 발음 QR코드

☑ ○ ○	Let's get in the elevator.
	엘리베이터 타자.
○ ○ ○	
○ ○ ○	
○ ○ ○	
○ ○ ○	
○ ○ ○	
○ ○ ○	

LEVEL UP! 회화선생님과 함께 연습해 보세요.

Q. Do you prefer taking the elevator or the escalator?

엘리베이터와 에스컬레이터 중에 무엇을 선호하시나요?

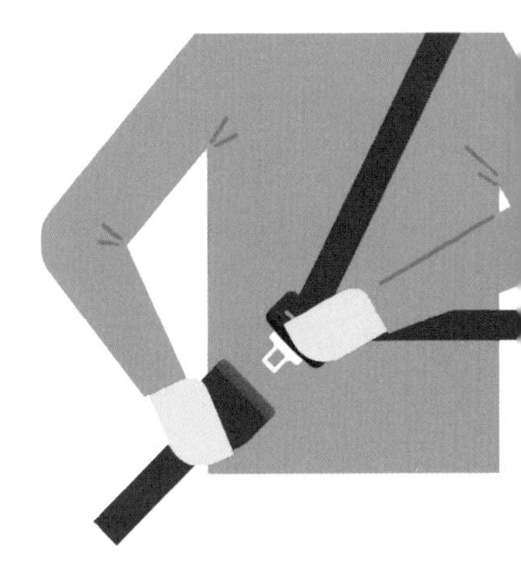

차 타러 가자.

Let's go for a drive.

렛츠 고 포 어 드라이브.

안전벨트 잊지 마.

Remember to buckle up your seatbelt.

리멤버 투 버클 업 유어 싯벨트.

Expression

안전벨트 잊지 마.

Remember to buckle up your seatbelt.

3번 반복해서 읽고 V 표시해 주세요.

원어민 발음 QR코드

✓ ○ ○	Remember to buckle up your seatbelt. 안전벨트 잊지 마.
○ ○ ○	
○ ○ ○	
○ ○ ○	
○ ○ ○	
○ ○ ○	
○ ○ ○	

LEVEL UP! 회화선생님과 함께 연습해 보세요.

Q. Do you have any tips for safe driving?

안전운전을 위한 조언이 있나요?

04 외출하기

우리 지금 어디 가요?

Where are we going?

웨어 아 위 고잉?

우린 슈퍼 가는 거야.

We are going to the grocery store.

위 알 고잉 투 더 그로서리 스토어.

Expression

우린 슈퍼 가는 거야.

We are going to the grocery store.

3번 반복해서 읽고 V 표시해 주세요.

원어민 발음 QR코드

✓○○	We are going to the grocery store.
	우린 슈퍼 가는 거야.
○○○	
○○○	
○○○	
○○○	
○○○	
○○○	

LEVEL UP! 회화선생님과 함께 연습해 보세요.

Q. How often do you go to the grocery store and what store do you go?

식료품점에 얼마나 자주 가고, 어느 식료품점에 가시나요?

저 오늘 옷 마음에 들어요!

I like my outfit today.

아이 라이크 마이 아웃핏 투데이.

사진 찍어 줄게.

Let me take a picture of you.

렛 미 테이크 어 픽처 오브 유.

Expression

사진 찍어 줄게.

Let me take a picture of you.

3번 반복해서 읽고 V 표시해 주세요.

원어민 발음 QR코드

☑ ○ ○	Let me take a picture of you.
	사진 찍어 줄게.
○ ○ ○	
○ ○ ○	
○ ○ ○	
○ ○ ○	
○ ○ ○	
○ ○ ○	

LEVEL UP! 회화선생님과 함께 연습해 보세요.

Q. When do you find yourself taking pictures the most, and whose pictures do you take most frequently?

언제 사진을 가장 많이 찍으세요? 그리고 누구의 사진을 가장 자주 찍으시나요?

Please get dressed.
옷 입고 신발 신어.

Let's get in the elevator.
엘레베이터 타자.

Remember to buckle up your seatbelt.
안전벨트 잊지 마.

We are going to the grocery store.
우린 슈퍼 가는 거야.

Let me take a picture of you.
사진 찍어 줄게.

3번 반복해서 읽고 영문를 쓰고 V 표시해 주세요.

○○○	
	옷 입고 신발 신어.
○○○	
	엘레베이터 타자.
○○○	
	안전벨트 잊지 마.
○○○	
	우린 슈퍼 가는 거야.
○○○	
	사진 찍어 줄게.

Review

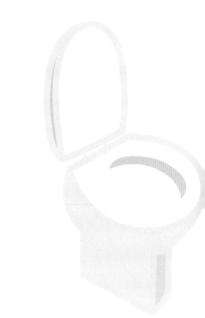

06 외출하기

무슨 일이야?

Are you all right?

알 유 올 라이트?

너 쉬하고 싶구나?

Do you need to use the restroom?

두 유 니드 투 유즈 더 레스트룸?

Expression

너 쉬하고 싶구나?

Do you need to use the restroom?

3번 반복해서 읽고 V 표시해 주세요.

원어민 발음 QR코드

○○○	Do you need to use the restroom?
	너 쉬하고 싶구나?
○○○	
○○○	
○○○	
○○○	
○○○	
○○○	

LEVEL UP! 회화선생님과 함께 연습해 보세요.

Q. Do you consider the bathroom when you pick a place to stay?

지내실 공간을 고를 때, 화장실을 고려하시나요?

07 아침

다녀오겠습니다.

I'm leaving.

아임 리빙.

차 조심해.

Look out for cars.

룩 아웃 포 카스.

Expression

차 조심해.

Look out for cars.

○○○	Look out for cars.
	차 조심해.
○○○	
○○○	
○○○	
○○○	
○○○	
○○○	

LEVEL UP! 회화선생님과 함께 연습해 보세요.

Q. How can you make sure you stay safe when crossing the road?

길을 건널 때, 안전하게 건너기 위해 어떤 것을 할 수 있을까요?

좋은 꿈 꿨어?

Did you have sweet dreams?

디 쥬 헤브 스윗 드림즈?

너 배고프겠다.

You must be hungry.

유 머스트 비 헝그리.

Expression

너 배고프겠다.

You must be hungry.

3번 반복해서 읽고 V 표시해 주세요.

○○○	You must be hungry. 너 배고프겠다.
○○○	
○○○	
○○○	
○○○	
○○○	
○○○	

LEVEL UP! 회화선생님과 함께 연습해 보세요.

Q. What's the very first thing you do when you wake up in the morning?

아침에 일어나서 가장 먼저하시는 일은 무엇인가요?

눈이 많이 내리고 있어.

It's snowing heavily.

잇츠 스노윙 헤빌리.

같이 구경 갈까?

Let's go out and enjoy the snow together.

렛츠 고 아웃 앤 인조이 더 스노우 투게더.

Expression

눈이 많이 내리고 있어.

It's snowing heavily.

3번 반복해서 읽고 V 표시해 주세요.

○○○	It's snowing heavily.
	눈이 많이 내리고 있어.
○○○	
○○○	
○○○	
○○○	
○○○	
○○○	

LEVEL UP! 회화선생님과 함께 연습해 보세요.

Q. Please share your favorite memories of snow.

눈에 관한 가장 좋았던 기억을 말해 주세요.

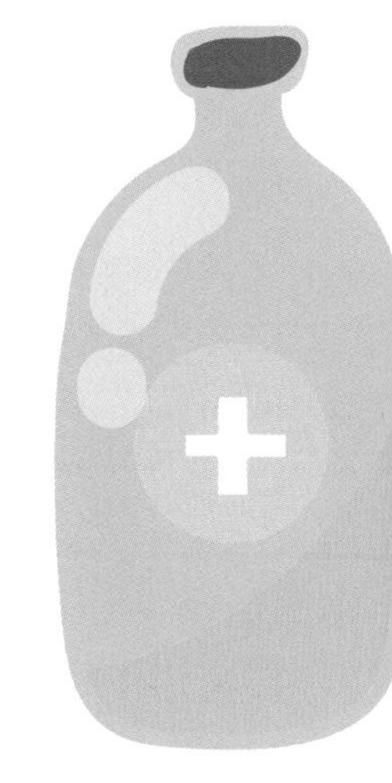

기분이 안 좋아?

What's wrong?

왓츠 롱?

어디 아픈 거니?

Are you sick?

알 유 씩?

Expression

어디 아픈 거니?

Are you sick?

3번 반복해서 읽고 V 표시해 주세요.

◯◯◯	Are you sick?
	어디 아픈 거니?
◯◯◯	
◯◯◯	
◯◯◯	
◯◯◯	
◯◯◯	
◯◯◯	

LEVEL UP! 회화선생님과 함께 연습해 보세요.

Q. How do you make yourself feel better when you have a cold?

감기가 걸렸을 때 낫기 위해 어떻게 하시나요?

Do you need to use the restroom?
너 쉬하고 싶구나?

Look out for cars.
차 조심해.

You must be hungry.
너 배고프겠다.

It's snowing heavily.
눈이 많이 내리고 있어.

Are you sick?
어디 아픈 거니?

3번 반복해서 읽고 영문를 쓰고 V 표시해 주세요.

○○○	
	너 쉬하고 싶구나?
○○○	
	차 조심해.
○○○	
	너 배고프겠다.
○○○	
	눈이 많이 내리고 있어.
○○○	
	어디 아픈 거니?

Review

11 아침

사랑해요!

I love you!

아이 러브 유!

할머니가 사랑하는 거 알지?

I love you too?

유 노우 댓 아이 러브 유 투?

Expression

할머니가 사랑하는 거 알지?

I love you too?

3번 반복해서 읽고 V 표시해 주세요.

○○○	I love you too? 할머니가 사랑하는 거 알지?
○○○	
○○○	
○○○	
○○○	
○○○	
○○○	

LEVEL UP! 회화선생님과 함께 연습해 보세요.

Q. How do you show your love to your family?

가족에 대한 당신의 사랑을 어떤 식으로 표현하시나요?

늦잠을 잤구나!

You overslept!

유 오버슬랩트!

서둘러, 늦겠다!

Hurry up! You're going to be late!

허리 업! 유알 고잉 투 비 레이트!

Expression

서둘러, 늦겠다!

Hurry up! You're going to be late!

○○○	Hurry up! You're going to be late!
	서둘러, 늦겠다!
○○○	
○○○	
○○○	
○○○	
○○○	
○○○	

LEVEL UP! 회화선생님과 함께 연습해 보세요.

Q. Do you always come on time? If yes, why is it important for you to be on time?
항상 약속시간에 늦지 않으시나요? 만약 그렇다면 약속시간에 늦지 않는 것은 왜 중요할까요?

다 씻었어?

Did you freshen up?

디 쥬 프레슨 업?

와서 아침 먹어.

Come and have your breakfast.

컴 앤드 해브 유어 블랙퍼스트.

Expression

와서 아침 먹어.

Come and have your breakfast.

3번 반복해서 읽고 V 표시해 주세요.

원어민 발음 QR코드

☑ ○ ○	Come and have your breakfast.
	와서 아침 먹어.
○ ○ ○	
○ ○ ○	
○ ○ ○	
○ ○ ○	
○ ○ ○	
○ ○ ○	

LEVEL UP! 회화선생님과 함께 연습해 보세요.

Q. Please share your favorite breakfast menu.

가장 좋아하는 아침 메뉴에 대해 말해 주세요.

저녁 먹을 준비를 하자.

Let's get ready for dinner.

렛츠 겟 레디 포 디너.

뭐 먹고 싶어?

What would you like to eat?

왓 우드 유 라이크 투 잇?

Expression

뭐 먹고 싶어?

What would you like to eat?

3번 반복해서 읽고 V 표시해 주세요.

원어민 발음 QR코드

V ○ ○ ○	What would you like to eat?
	뭐 먹고 싶어?
○ ○ ○	
○ ○ ○	
○ ○ ○	
○ ○ ○	
○ ○ ○	
○ ○ ○	

LEVEL UP! 회화선생님과 함께 연습해 보세요.

Q. Do you like having dinner at home, or do you usually eat at restaurants?

저녁을 집에서 드시는 것을 좋아하시나요? 식당에서 드시는 것을 좋아하시나요?

이게 무슨 냄새야?

What's that smell?

왓츠 댓 스멜?

방귀 뀌었어?

Did you fart?

디쥬 파트?

Expression

방귀 뀌었어?

Did you fart?

3번 반복해서 읽고 V 표시해 주세요.

◯◯◯	Did you fart?
	방귀 뀌었어?
◯◯◯	
◯◯◯	
◯◯◯	
◯◯◯	
◯◯◯	
◯◯◯	

LEVEL UP! 회화선생님과 함께 연습해 보세요.

Q. Do certain smells bother you? What's your favorite smell?

싫어하시는 특정한 냄새가 있으신가요? 어떤 냄새를 가장 좋아하시나요?

I love you too?
할머니가 사랑하는 거 알지?

Hurry up! You're going to be late!
서둘러, 늦겠다!

Come and have your breakfast.
와서 아침 먹어.

What would you like to eat?
뭐 먹고 싶어?

Did you fart?
방귀 뀌었어?

3번 반복해서 읽고 영문를 쓰고 V 표시해 주세요.

✓○○	
	할머니가 사랑하는 거 알지?
○○○	
	서둘러, 늦겠다!
○○○	
	와서 아침 먹어.
○○○	
	뭐 먹고 싶어?
○○○	
	방귀 뀌었어?

Review

오늘도 재미있었어요!

Today was also fun!

투데이 워즈 얼소 펀!

오늘 뭘 배웠는지 알려줘.

Tell me about what you learned at school.

텔 미 어바웃 왓 유 런 엣 스쿨.

Expression

오늘 뭘 배웠는지 알려줘.

Tell me about what you learned at school.

3번 반복해서 읽고 V 표시해 주세요.

원어민 발음 QR코드

○○○	Tell me about what you learned in school
	오늘 뭘 배웠는지 알려줘.
○○○	
○○○	
○○○	
○○○	
○○○	
○○○	

LEVEL UP! 회화선생님과 함께 연습해 보세요.

Q. Did you have a lot of fun when you were in school?

학교 다닐 때 즐겁게 다니셨나요?

손부터 씻어!

Wash your hands first!

워시 유얼 핸즈 퍼스트!

비누로 씻자.

Don't forget to use soap.

돈트 포겟 투 유즈 소프.

Expression

비누로 씻자.

Don't forget to use soap.

3번 반복해서 읽고 V 표시해 주세요.

원어민 발음 QR코드

V○○○	Don't forget to use soap.
	비누로 씻자.
○○○	
○○○	
○○○	
○○○	
○○○	
○○○	

LEVEL UP! 회화선생님과 함께 연습해 보세요.

Q. Does wearing a mask and using soap help prevent getting a cold?

마스크를 쓰거나 비누를 쓰는 것이 감기를 예방할 수 있을까요?

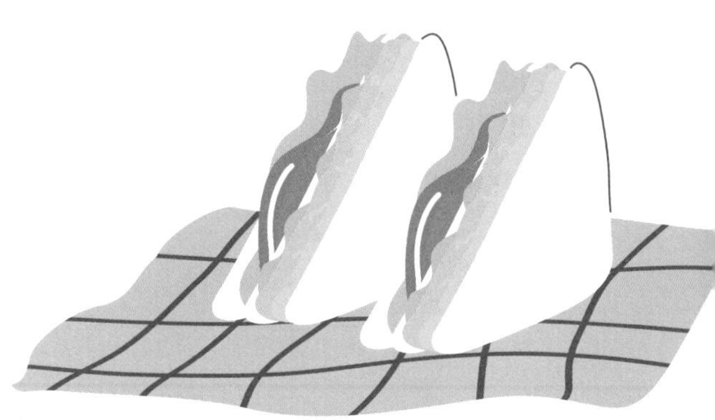

다녀왔니?

Are you back?

알 유 백?

간식 줄까?

Would you like a snack?

우드 유 라이크 어 스낵?

Expression

간식 줄까?

Would you like a snack?

3번 반복해서 읽고 V 표시해 주세요.

원어민 발음 QR코드

✓○ ○ ○	Would you like a snack?
	간식 줄까?
○ ○ ○	
○ ○ ○	
○ ○ ○	
○ ○ ○	
○ ○ ○	
○ ○ ○	

LEVEL UP! 회화선생님과 함께 연습해 보세요.

Q. What snack do you like the most, and which one do you dislike the least?

가장 좋아하는 간식과 싫어하는 간식은 무엇인가요?

19 저녁

이거 제가 만든 거예요!

I made this!

아이 메이드 디스!

유치원 재미있었니?

Did you have a good time at preschool?

디드 유 헤브 어 굿 타임 엣 프리스쿨?

Expression

유치원 재미있었니?

Did you have a good time at preschool?

3번 반복해서 읽고 V 표시해 주세요.

원어민 발음 QR코드

V○○○	Did you have a good time at preschool? 유치원 재미있었니?
○○○	
○○○	
○○○	
○○○	
○○○	
○○○	

LEVEL UP! 회화선생님과 함께 연습해 보세요.

Q. Did you enjoy creating things in art class when you were in school?

학창 시절에, 미술시간에 무언가를 만드는 것을 좋아하셨나요?

TV 끄고 욕실로 오세요.

Turn off the TV, and come in the bathroom.

턴 오프 더 티비, 앤 컴 인 더 베스룸.

목욕할 시간이야.

It's time to take a bath.

잇츠 타임 투 테이크 어 베스.

Expression

목욕할 시간이야.

It's time to take a bath.

3번 반복해서 읽고 V 표시해 주세요.

○○○	It's time to take a bath. 목욕할 시간이야.
○○○	
○○○	
○○○	
○○○	
○○○	
○○○	

LEVEL UP! 회화선생님과 함께 연습해 보세요.

Q. Which do you prefer, shower or bath?

샤워랑 목욕 중에 무엇을 더 좋아하세요?

Tell me about what you learned at school.
오늘 뭘 배웠는지 알려줘.

Don't forget to use soap.
비누로 씻자.

Would you like a snack?
간식 줄까?

Did you have a good time at preschool?
유치원 재미있었니?

It's time to take a bath.
목욕할 시간이야.

3번 반복해서 읽고 영문를 쓰고 V 표시해 주세요.

○○○	
	오늘 뭘 배웠는지 알려줘.
○○○	
	비누로 씻자.
○○○	
	간식 줄까?
○○○	
	유치원 재미있었니?
○○○	
	목욕할 시간이야.

Review

잘 준비되었니?

Are you ready to go to sleep?

알 유 레디 투 고 투 슬립?

친구들과 사이좋게 놀았어?

Did you have a good time with your friends?

디드 유 해브 어 굿 타임 위드 유얼 프렌즈?

Expression

친구들과 사이좋게 놀았어?

Did you have a good time with your friends?

3번 반복해서 읽고 V 표시해 주세요.

☑ ○ ○	Did you have a good time with your friends?
	친구들과 사이좋게 놀았어?
○ ○ ○	
○ ○ ○	
○ ○ ○	
○ ○ ○	
○ ○ ○	
○ ○ ○	

LEVEL UP! 회화선생님과 함께 연습해 보세요.

Q. Tell me about friends you were close to in school.
Do you still keep in touch with them?
친한 학교 친구들에 대해 이야기해 주세요. 지금도 연락하시나요?

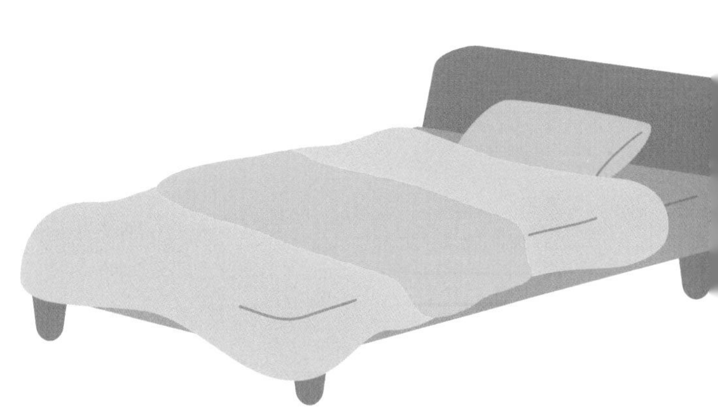

저 이제 졸려요.

I'm feeling sleepy now.

아임 필링 슬리피 나우.

잘 자고 내일 보자.

Sleep well, and I'll see you tomorrow.

슬립 웰, 앤 아윌 씨 유 투마로우.

Expression

잘 자고 내일 보자.

Sleep well, and I'll see you tomorrow.

3번 반복해서 읽고 V 표시해 주세요.

원어민 발음 QR코드

☑ ○ ○	Sleep well, and I'll see you tomorrow. 잘 자고 내일 보자.
○ ○ ○	
○ ○ ○	
○ ○ ○	
○ ○ ○	
○ ○ ○	
○ ○ ○	

LEVEL UP! 회화선생님과 함께 연습해 보세요.

Q. How can we get a good night's sleep?

어떻게 하면 숙면을 취할 수 있을까요?

잠이 안 와요.

I can't sleep.

아이켄트 슬립.

우리 책 읽자.

Let's read some books.

렛츠 리드 썸 북스.

Expression

우리 책 읽자.

Let's read some books.

3번 반복해서 읽고 V 표시해 주세요.

원어민 발음 QR코드

☑ ○ ○	Let's read some books. 우리 책 읽자.
○ ○ ○	
○ ○ ○	
○ ○ ○	
○ ○ ○	
○ ○ ○	
○ ○ ○	

LEVEL UP! 회화선생님과 함께 연습해 보세요.

Q. Can reading before bedtime help you get a good night's sleep? If so, what do you like to read before bedtime?

읽는 활동이 숙면에 정말 도움을 줄까요? 그렇다면, 자기 전에 무엇을 읽고 싶으신가요?

무서워서 잠이 안 와요.

I'm scared, so I can't fall asleep.

아임 스케어드, 쏘 아이 캔트 폴 어슬립.

안아 줄까?

Would you like a hug?

우드 유 라이크 어 허그?

Expression

안아 줄까?

Would you like a hug?

3번 반복해서 읽고 V 표시해 주세요.

원어민 발음 QR코드

☑ ○ ○	Would you like a hug?
	안아 줄까?
○ ○ ○	
○ ○ ○	
○ ○ ○	
○ ○ ○	
○ ○ ○	
○ ○ ○	

LEVEL UP! 회화선생님과 함께 연습해 보세요.

Q. When was the last time you got a good hug?

따듯한 포옹을 마지막으로 언제 했나요?

저 영상 10분만 더 볼게요!

I will just watch it for 10 more minutes!

아이 윌 저스트 와치 잇 포 텐 모얼 미닛!

약속 지켜야지.

You need to keep your promise.

유 니드 투 킵 유어 프라미스.

Expression

약속 지켜야지.

You need to keep your promise.

3번 반복해서 읽고 V 표시해 주세요.

원어민 발음 QR코드

○○○	You need to keep your promise.
	약속 지켜야지.
○○○	
○○○	
○○○	
○○○	
○○○	
○○○	

LEVEL UP! 회화선생님과 함께 연습해 보세요.

Q. Why do you think it's really important to keep your promises?

약속을 지키는 것은 왜 중요할까요?

Did you have a good time with your friends?
친구들과 사이좋게 놀았어?

Sleep well, and I'll see you tomorrow.
잘 자고 내일 보자.

Let's read some books.
우리 책 읽자.

Would you like a hug?
안아 줄까?

You need to keep your promise.
약속 지켜야지.

3번 반복해서 읽고 영문를 쓰고 V 표시해 주세요.

◯◯◯	
	친구들과 사이좋게 놀았어?
◯◯◯	
	잘 자고 내일 보자.
◯◯◯	
	우리 책 읽자.
◯◯◯	
	안아 줄까?
◯◯◯	
	약속 지켜야지.

Review

26 조언

과자 더 먹어도 돼요?

Can I have some more snacks?

캔 아이 해브 썸 모얼 스낵스?

너 단것 너무 많이 먹어.

You're having too many sweets.

유알 해빙 투 매니 스위츠.

Expression

너 단것 너무 많이 먹어.

You're having too many sweets.

3번 반복해서 읽고 V 표시해 주세요.

원어민 발음 QR코드

○○○	You're having too many sweets.
	너 단것 너무 많이 먹어.
○○○	
○○○	
○○○	
○○○	
○○○	
○○○	

LEVEL UP! 회화선생님과 함께 연습해 보세요.

Q. Do you like sweets? How do sweets make you feel?

단것을 좋아하시나요? 단것을 먹으면 기분이 어떻게 달라지나요?

밥 먹기 전에 콜라 마셔도 돼요?

Is it okay if I have a Coke before we eat

이즈 잇 오케이 이프 아이 해브 어 코크 비포 위 잇?

그렇게 하지 마.

I don’t think that’s a good idea.

아이 돈트 띵 댓츠 어 굿 아이디어.

Expression

그렇게 하지 마.

I don’t think that’s a good idea.

3번 반복해서 읽고 V 표시해 주세요.

V ○ ○ ○	I don't think that's a good idea.
	그렇게 하지 마.
○ ○ ○	
○ ○ ○	
○ ○ ○	
○ ○ ○	
○ ○ ○	
○ ○ ○	

LEVEL UP! 회화선생님과 함께 연습해 보세요.

Q. What's the best drink for staying healthy? Can you share why you think that?
건강하기 위해 마실 수 있는 최고의 음료는 무엇일까요? 그렇게 생각하는 이유를 말해 주시겠어요?

저 먼저 뛰어갈게요!

I have to go now. I think I will run.

아이 해브 투 고 나우. 아이 띵 아이 윌 런.

조심해!

Be careful!

비 케얼풀 !

Expression

조심해!

Be careful!

3번 반복해서 읽고 V 표시해 주세요.

원어민 발음 QR코드

V ○ ○	Be careful!
	조심해!
○ ○ ○	
○ ○ ○	
○ ○ ○	
○ ○ ○	
○ ○ ○	
○ ○ ○	

LEVEL UP! 회화선생님과 함께 연습해 보세요.

Q. How can we prevent being hit by a car?

차 사고로부터 안전하기 위해 어떻게 해야 할까요?

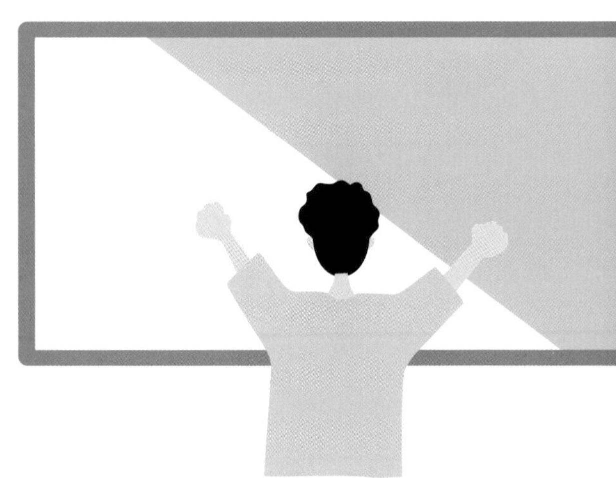

2편도 틀어 주세요.

I want to watch the second part too.

아이 원 투 와치 더 세컨드 파트 투.

TV에서 물러나렴.

Sit back away from the TV.

싯 백 어웨이 프롬 더 티비.

Expression

TV에서 물러나렴.

Sit back away from the TV.

3번 반복해서 읽고 V 표시해 주세요.

원어민 발음 QR코드

✓ ○ ○	Sit back away from the TV. TV에서 물러나렴.
○ ○ ○	
○ ○ ○	
○ ○ ○	
○ ○ ○	
○ ○ ○	
○ ○ ○	

LEVEL UP! 회화선생님과 함께 연습해 보세요.

Q. How often do you like to binge-watch dramas or shows?

드라마나 TV 쇼를 얼마나 자주 몰아서 보시나요?

얘가 먼저 저를 괴롭혔어요!

He started bullying me first!

히 스타티드 불링 미 퍼스트!

동생 때리면 안 돼.

Don't ever hit your brother.

돈트 에버 힛 유얼 브라더.

Expression

동생 때리면 안 돼.

Don't ever hit your brother.

3번 반복해서 읽고 V 표시해 주세요.

원어민 발음 QR코드

○○○	Don't ever hit your brother.
	동생 때리면 안 돼.
○○○	
○○○	
○○○	
○○○	
○○○	
○○○	

LEVEL UP! 회화선생님과 함께 연습해 보세요.

Q. Is it tough to teach kids good behavior, especially nowadays?

요즘 아이들에게 올바른 행동을 가르치기가 어려운가요?

You're having too many sweets.
너 단것 너무 많이 먹어.

I don't think that's a good idea.
그렇게 하지 마.

Be careful!
조심해!

I think you should stop watching TV.
TV에서 물러나렴.

Don't ever hit your brother.
동생 때리면 안 돼.

3번 반복해서 읽고 영문를 쓰고 V 표시해 주세요.

○○○	
	너 단것 너무 많이 먹어.
○○○	
	그렇게 하지 마.
○○○	
	조심해!
○○○	
	TV에서 물러나렴
○○○	
	동생 때리면 안 돼.

Review

PART 2

손주랑 놀 때
자주 쓰는 문장
30

저 간식 먹고 싶어요!

I want a snack!

아이 원트 어 스낵!

먼저 장난감 치워.

Put your toys away first.

풋 유얼 토이즈 어웨이 퍼스트.

Expression

먼저 장난감 치워.

Put your toys away first.

3번 반복해서 읽고 V 표시해 주세요.

원어민 발음 QR코드

V○○○	Put your toys away first.
	먼저 장난감 치워.
○○○	
○○○	
○○○	
○○○	
○○○	
○○○	

LEVEL UP! 회화선생님과 함께 연습해 보세요.

Q. Do you do a good job at keeping your bedroom clean?

방을 깨끗하게 잘 치우시는 편이세요?

같이 쿠키 만들까?

Let's make some cookies?

렛츠 메이크 썸 쿠키스?

너 요리사 같다!

You are just like a baker!

유 알 저스트 라이크 어 베이커!

Expression

너 요리사 같다!

You are just like a baker!

3번 반복해서 읽고 V 표시해 주세요.

원어민 발음 QR코드

○○○	You are just like a baker! 너 요리사 같다!
○○○	
○○○	
○○○	
○○○	
○○○	
○○○	

LEVEL UP! 회화선생님과 함께 연습해 보세요.

Q. Are you a good cook?

요리를 잘하시는 편이신가요?

33 실내놀이

쿠키 만드는 거 너무 재미있어요!

Baking cookies is so much fun!

베이킹 쿠키스 이즈 쏘 머치 펀!

잘하는구나! 어떤 모양 만들고 싶어?

Great job!

그레이트 잡!

What shape do you want the cookies to be

왓 쉐이프 두 유 원트 더 쿠키스 투 비?

Expression

어떤 모양 만들고 싶어?

What shape do you want the cookies to be?

3번 반복해서 읽고 V 표시해 주세요.

원어민 발음 QR코드

☑ ○ ○	What shape do you want the cookies to be?
	어떤 모양 만들고 싶어?
○ ○ ○	
○ ○ ○	
○ ○ ○	
○ ○ ○	
○ ○ ○	
○ ○ ○	

LEVEL UP! 회화선생님과 함께 연습해 보세요.

Q. If you made cookies, what shape would you like to make them?

만약 쿠키를 만든다면 어떤 모양의 쿠키를 만들고 싶으세요?

34 실내놀이

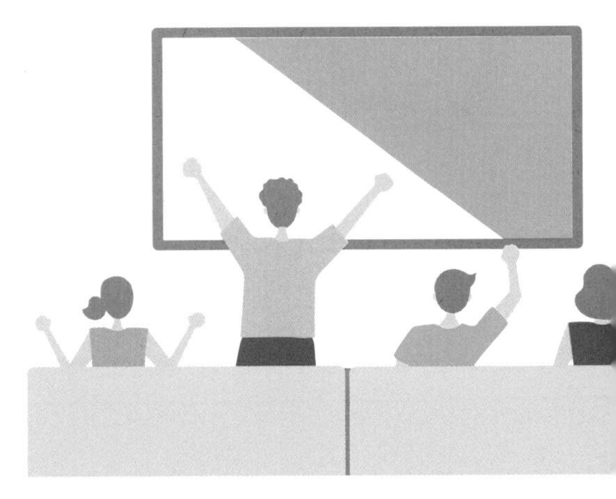

손 씻고 저녁 먹을 준비하자!

Wash your hands. Dinner is ready!

워시 유얼 핸즈. 디너 이즈 레디!

TV 보면서 먹어도 돼요?

Can I eat it while watching TV?

캔 아이 잇 잇 와일 와칭 티비?

그래, 오늘 저녁엔 어떤 프로그램 볼까?

Sure, what do you want to watch today?

슈어, 왓 두 유 원 투 와치 투데이?

Expression

오늘 저녁엔 어떤 프로그램 볼까?

What do you want to watch today?

3번 반복해서 읽고 V 표시해 주세요.

원어민 발음 QR코드

☑ ○ ○	What do you want to watch today?
	오늘 저녁엔 어떤 프로그램 볼까?
○ ○ ○	
○ ○ ○	
○ ○ ○	
○ ○ ○	
○ ○ ○	
○ ○ ○	

LEVEL UP! 회화선생님과 함께 연습해 보세요.

Q. Is it a good idea to watch TV while eating?

무언가를 먹을 때 TV 보는 것이 괜찮다고 생각하시나요?

저 심심해요. 밖에 나가고 싶어요.

I'm bored. I want to go out.

아임 볼드. 아이 원 투 고 아웃.

밖은 너무 추워. 안에서 놀자.

It's too cold outside. You should stay in

이츠 투 콜드 아웃사이드. 유 슈드 스테이 인

무슨 놀이할까?

What game should we play?

왓 게임 슈드 위 플레이?

Expression

무슨 놀이할까?

What game should we play?

3번 반복해서 읽고 V 표시해 주세요.

원어민 발음 QR코드

☑ ○ ○	What game should we play?
	무슨 놀이 할까?
○ ○ ○	
○ ○ ○	
○ ○ ○	
○ ○ ○	
○ ○ ○	
○ ○ ○	

LEVEL UP! 회화선생님과 함께 연습해 보세요.

Q. Which do you like more: when it's cold or hot outside?

밖이 추운 것과 더운 것 중에 어떤 것을 더 좋아하세요?

Put your toys away first.
먼저 장난감 치워.

You are just like a baker!
너 요리사 같다!

What shape do you want the cookies to be?
어떤 모양 만들고 싶어?

What do you want to watch today?
오늘 저녁엔 어떤 프로그램 볼까?

What game should we play?
무슨 놀이할까?

3번 반복해서 읽고 영문를 쓰고 V 표시해 주세요.

○○○	
	먼저 장난감 치워.
○○○	
	너 요리사 같다!
○○○	
	어떤 모양 만들고 싶어?
○○○	
	오늘 저녁엔 어떤 프로그램 볼까?
○○○	
	무슨 놀이할까?

Review

31 32 33 34 35 Review

36 실내놀이

저 지금 이거 조립하고 싶어요! 도와주세요!

I want to make this right now!

아이 원 투 메이크 디스 라이트 나우!

Please help me.

플리즈 헬프 미.

미안, 너무 바빠. 나중에 하자.

Sorry, I'm too busy. Let's do it later.

쏘리 아임 투 비지. 렛츠 두 잇 레이터.

Expression

미안, 너무 바빠.

Sorry, I'm too busy.

3번 반복해서 읽고 V 표시해 주세요.

✓○○	Sorry, I'm too busy. 미안, 너무 바빠.
○○○	
○○○	
○○○	
○○○	
○○○	
○○○	

LEVEL UP! 회화선생님과 함께 연습해 보세요.

Q. Would you like to have more free time?

더 많은 휴식 시간을 원하세요?

이제 핸드폰 끌래?

Could you please turn off your cell phone?

쿠드 유 플리즈 턴 오프 유얼 셀 폰?

조금만 더 할게요!

I'd like to use it just a little more!

아이드 라이크 투 유즈 잇 저스트 어 리틀 모어!

딱 5분만 더 하는 거다?

Only five more minutes, okay?

온니 파이브 모어 미니츠 오케이?

Expression

딱 5분만 더 하는 거다?

Only five more minutes, okay?

3번 반복해서 읽고 V 표시해 주세요.

V○○○	Only five more minutes, okay?
	딱 5분만 더 하는 거다?
○○○	
○○○	
○○○	
○○○	
○○○	
○○○	

LEVEL UP! 회화선생님과 함께 연습해 보세요.

Q. Do you like using a smartphone?

스마트폰 쓰는 것을 좋아하세요?

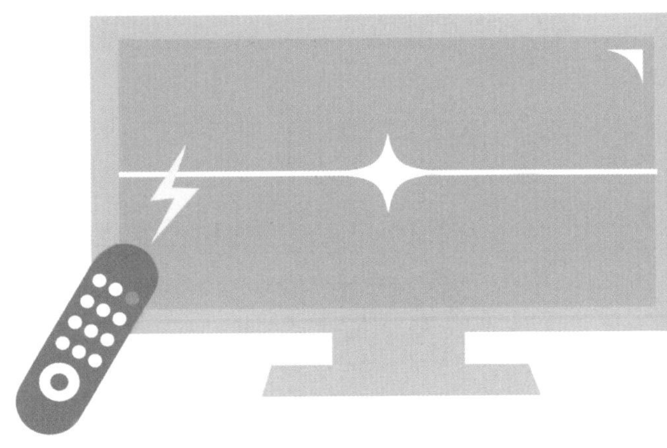

TV 조금 더 볼래요.

I want to watch some more TV.

아이 원 투 와치 썸 모어 티비.

시간 다 되었어. 이제 끝!

Time's up! No more TV!

타임즈 업! 노 모어 티비!

Expression

시간 다 되었어! 이제 끝!

Time's up! No more TV!

3번 반복해서 읽고 V 표시해 주세요.

☑ ○ ○	Time's up! No more TV!
	시간 다 되었어.! 이제 끝!
○ ○ ○	
○ ○ ○	
○ ○ ○	
○ ○ ○	
○ ○ ○	
○ ○ ○	

LEVEL UP! 회화선생님과 함께 연습해 보세요.

Q. Which do you prefer watching more: TV or YouTube?

TV랑 YouTube 중에 어떤 것을 보는 것을 더 선호하세요?

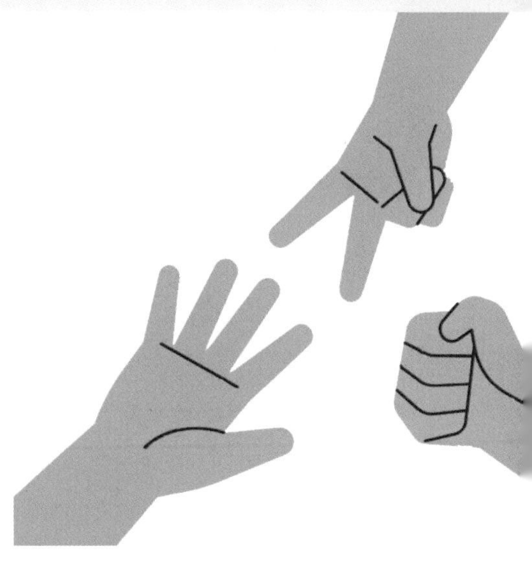

누가 먼저 그네 탈래?

Who wants to go on the swing first?

후 원츠 투 고 온 더 스윙 퍼스트?

가위바위보 하자!

Let's play rock, paper, scissors!

렛츠 플레이 락 페이퍼 시저스!

Expression

가위바위보!

Rock, paper, scissors!

3번 반복해서 읽고 V 표시해 주세요.

원어민 발음 QR코드

☑ ○ ○	Rock, paper, scissors!
	가위바위보!
○ ○ ○	
○ ○ ○	
○ ○ ○	
○ ○ ○	
○ ○ ○	
○ ○ ○	

LEVEL UP! 회화선생님과 함께 연습해 보세요.

Q. Were you good at winning rock, paper, scissors in your childhood?

어렸을 때 가위바위보 하는 것에 곧잘 이기시는 편이셨나요?

40 실내놀이

오늘은 병원놀이 하자.

Let's play doctor today.

렛츠 플레이 닥터 투데이.

제가 의사할래요!

I will be the doctor!

아이 윌 비 더 닥터!

Expression

병원놀이 하자.

Let's play doctor.

3번 반복해서 읽고 V 표시해 주세요.

원어민 발음 QR코드

V○○	Let's play doctor.
	병원놀이 하자.
○○○	
○○○	
○○○	
○○○	
○○○	
○○○	

LEVEL UP! 회화선생님과 함께 연습해 보세요.

Q. Did you enjoy role-playing games in your childhood?

어렸을 때, 역할 놀이 하는 것을 좋아하셨나요?

Sorry, I'm too busy.
미안, 너무 바빠.

Only five more minutes, okay?
딱 5분만 더 하는 거다?

Time's up! No more TV!
시간 다 되었어! 이제 끝!

Rock, paper, scissors!
가위바위보!

Let's play doctor.
병원놀이 하자.

3번 반복해서 읽고 영문를 쓰고 V 표시해 주세요.

○○○	
	미안, 너무 바빠.
○○○	
	딱 5분만 더 하는 거다?
○○○	
	시간 다 되었어! 이제 끝!
○○○	
	가위바위보!
○○○	
	병원놀이 하자.

Review

스케치북이랑 색연필 주세요.

Please give me a sketchbook and some colored pencils.

플리즈 기브 미 어 스케치북 앤 썸 컬러드 팬슬즈.

그림 그릴 거야? 뭘 그리고 싶니?

Do you want to draw something?

두 유 원 투 드로우 썸띵?

What do you feel like drawing?

왓 두 유 필 라이크 드로잉?

Expression

뭘 그리고 싶니?

What do you feel like drawing?

3번 반복해서 읽고 V 표시해 주세요.

원어민 발음 QR코드

○○○	What do you feel like drawing? 뭘 그리고 싶니?
○○○	
○○○	
○○○	
○○○	
○○○	
○○○	

LEVEL UP! 회화선생님과 함께 연습해 보세요.

Q. Are you good at drawing?

그림을 잘 그리시나요?

오! 저 이 공룡으로 할래요!

Oh! I'll pick this dinosaur!

오! 아윌 픽 디스 다이너소어!

그래! 가위로 오려 보자.

Let's use scissors to cut it.

렛츠 유즈 시저스 투 컷 잇.

Expression

가위로 오려 보자.

Let's use scissors to cut it.

3번 반복해서 읽고 V 표시해 주세요.

원어민 발음 QR코드

○○○	Let's use scissors to cut it.
	가위로 오려 보자.
○○○	
○○○	
○○○	
○○○	
○○○	
○○○	

LEVEL UP! 회화선생님과 함께 연습해 보세요.

Q. Did you used to play with paper dolls in your childhood? Did you enjoy it?

어렸을 때 종이 인형 가지고 놀곤 하셨나요? 어땠나요?

오늘은 블록 놀이 할래요!

Today, I'd like to play with blocks!

투데이, 아이드 라이크 투 플레이 위드 블록스!

블록으로 뭘 만들고 싶니?

What do you want to build with blocks?

왓 두 유 원 투 빌드 위드 블록스?

Expression

블록으로 뭘 만들고 싶니?

What do you want to build with blocks?

3번 반복해서 읽고 V 표시해 주세요.

○○○	What do you want to build with blocks?
	블록으로 뭘 만들고 싶니?
○○○	
○○○	
○○○	
○○○	
○○○	
○○○	

LEVEL UP! 회화선생님과 함께 연습해 보세요.

Q. Have you ever visited a LEGO store, and if so, what was the most impressive Lego creation you saw?

레고 가게에 방문해 보신 적 있으세요? 가장 인상 깊은 레고 작품은 무엇이었나요?

44 실내놀이

우리 노래 부르면서 가요!

Let’s sing a song as we go!

렛츠 씽 어 송 에즈 위 고!

무슨 노래 부를까?

What song do you want to sing?

왓 송 두 유 원 투 씽?

Expression

무슨 노래 부를까?

What song do you want to sing?

3번 반복해서 읽고 V 표시해 주세요.

원어민 발음 QR코드

✓○○	What song do you want to sing? 무슨 노래 부를까?
○○○	
○○○	
○○○	
○○○	
○○○	
○○○	

LEVEL UP! 회화선생님과 함께 연습해 보세요.

Q. Tell me about your favorite song.

가장 좋아하는 노래에 대해 말해 보세요.

이번 한 판만 더 할게요!

I want to play one more round!

아이 원 투 플레이 원 모어 라운드!

이제 그만해.

You should stop now.

유 슈드 스탑 나우.

Expression

이제 그만해.

You should stop now.

3번 반복해서 읽고 V 표시해 주세요.

원어민 발음 QR코드

✓ ○ ○	You should stop now.
	이제 그만해.
○ ○ ○	
○ ○ ○	
○ ○ ○	
○ ○ ○	
○ ○ ○	
○ ○ ○	

LEVEL UP! 회화선생님과 함께 연습해 보세요.

Q. Do you have any tips for disciplining children?

아이들을 훈육할 때 본인만의 요령이 있으세요?

What do you feel like drawing?
뭘 그리고 싶니?

Let's use scissors to cut it.
가위로 오려 보자.

What do you want to build with blocks?
블록으로 뭘 만들고 싶니?

What song do you want to sing?
무슨 노래 부를까?

You should stop now.
이제 그만해.

3번 반복해서 읽고 영문를 쓰고 V 표시해 주세요.

○○○	
	뭘 그리고 싶니?
○○○	
	가위로 오려 보자.
○○○	
	블록으로 뭘 만들고 싶니?
○○○	
	무슨 노래 부를까?
○○○	
	이제 그만해.

Review

41 42 43 44 45 Review

이거 보세요! 제가 그렸어요!

Look! I drew this all by myself!

룩! 아이 드루 디스 올 바이 마이셀프!

우아! 그림 잘 그리네.

Wow! You are good at drawing.

와우! 유 알 굿 엣 드로잉.

Expression

그림 잘 그리네.

You are good at drawing.

3번 반복해서 읽고 V 표시해 주세요.

☑ ○ ○	You are good at drawing.
	그림 잘 그리네.
○ ○ ○	
○ ○ ○	
○ ○ ○	
○ ○ ○	
○ ○ ○	
○ ○ ○	

LEVEL UP! 회화선생님과 함께 연습해 보세요.

Q. Do you like drawing? What do you usually draw?

그림 그리는 것을 좋아하시나요? 보통 무엇을 그리시나요?

이건 내 거야! 나 혼자 쓸 거야! 너는 손대지 마!

This is mine! I want to use it by myself!

디스 이즈 마인! 아이 원 투 유즈 잇 바이 마이셀프!

Don’t touch it!

돈 터치 잇!

같이 써야지.

You should share.

유 슈드 쉐어.

같이 써야지.

You should share.

3번 반복해서 읽고 V 표시해 주세요.

원어민 발음 QR코드

○○○	You should share. 같이 써야지.
○○○	
○○○	
○○○	
○○○	
○○○	
○○○	

LEVEL UP! 회화선생님과 함께 연습해 보세요.

Q. When you discipline children, do you give them a reason?

아이들을 훈육할 때 아이들에게 이유를 설명해 주시나요?

오늘은 게임 많이 할래요.

I want to play games all day.

아이 원 투 플레이 게임즈 올 데이.

우리 책 좀 읽으면 어떨까?

Why don't we read some books?

와이 돈 위 리드 썸 북스?

Expression

우리 책 좀 읽으면 어떨까?

Why don't we read some books?

3번 반복해서 읽고 V 표시해 주세요.

원어민 발음 QR코드

○○○	Why don't we read some books? 우리 책 좀 읽으면 어떨까?
○○○	
○○○	
○○○	
○○○	
○○○	
○○○	

LEVEL UP! 회화선생님과 함께 연습해 보세요.

Q. How important is it to read books to children?

아이들에게 책 읽기가 얼마나 중요할까요?

이 퍼즐 너무 어려워서 못 하겠어요.

This puzzle is too hard, so I can't figure it out

디스 퍼즐 이즈 투 하드, 쏘 아이 캔트 피겨 잇 아웃

할 수 있어. 계속해 보는 게 어때?

You can do it. You should keep going?

유 캔 두 잇. 유 슈드 킵 고잉?

Expression

계속해 보는 게 어때?

You should keep going?

3번 반복해서 읽고 V 표시해 주세요.

원어민 발음 QR코드

V ○ ○	You should keep going?
	계속해 보는 게 어때?
○ ○ ○	
○ ○ ○	
○ ○ ○	
○ ○ ○	
○ ○ ○	
○ ○ ○	

LEVEL UP! 회화선생님과 함께 연습해 보세요.

Q. Do you enjoy doing complicated or easy puzzles?

복잡한 퍼즐과 쉬운 퍼즐 중에 어떤 것을 더 즐기시나요?

저 올 때까지 집에 계셔야 해요!

You should stay at home until I come bac

유 슈드 스테이 엣 홈 언틸 아이 컴 백

응. 여기 있을게.

Okay. I'll wait for you here at home.

오케이. 아윌 웨이트 포 유 히어 엣 홈.

Expression

여기 있을게.

I'll wait for you here at home.

3번 반복해서 읽고 V 표시해 주세요.

원어민 발음 QR코드

☑ ○ ○	I'll wait for you here at home.
	여기 있을게.
○ ○ ○	
○ ○ ○	
○ ○ ○	
○ ○ ○	
○ ○ ○	
○ ○ ○	

LEVEL UP! 회화선생님과 함께 연습해 보세요.

Q. Are you a homebody?

집 안에만 머무는 것을 좋아하시는 편이신가요?

You are good at drawing.
그림 잘 그리네.

You should share.
같이 써야지.

Why don't we read some books?
우리 책 좀 읽으면 어떨까?

You should keep going?
계속해 보는 게 어때?

I'll wait for you here at home.
여기 있을게.

3번 반복해서 읽고 영문를 쓰고 V 표시해 주세요.

○○○	
	그림 잘 그리네.
○○○	
	같이 써야지.
○○○	
	우리 책 좀 읽으면 어떨까?
○○○	
	계속해 보는 게 어때?
○○○	
	여기 있을게.

Review

안 해! 하기 싫어!

No! I don't want to!

노! 아이 돈 원 투!

말 예쁘게 해야지.

You should say it in a nice way.

유 슈드 세이 잇 인 어 나이스 웨이.

Expression

말 예쁘게 해야지.

You should say it in a nice way.

3번 반복해서 읽고 V 표시해 주세요.

원어민 발음 QR코드

○○○	You should say it in a nice way.
	말 예쁘게 해야지.
○○○	
○○○	
○○○	
○○○	
○○○	
○○○	

LEVEL UP! 회화선생님과 함께 연습해 보세요.

Q. Why is it important to try to speak nicely?

왜 우리는 말을 예쁘게 하도록 노력해야 할까요?

친구랑 자전거 타고 올게요!

I'm going biking with my friend.

아임 고잉 바이킹 위드 마이 프랜드.

너무 멀리 가지 마.

Don't go too far.

돈 고 투 파.

Expression

너무 멀리 가지 마.

Don't go too far.

3번 반복해서 읽고 V 표시해 주세요.

원어민 발음 QR코드

○○○	Sleep well, and I'll see you tomorrow.
	너무 멀리 가지 마.
○○○	
○○○	
○○○	
○○○	
○○○	
○○○	

LEVEL UP! 회화선생님과 함께 연습해 보세요.

Q. Are you good at biking?

자전거를 잘 타시는 편이세요?

집에 가기 전에 놀이터에 갈까?

Do you want to go to the playground
두 유 원 투 고 투 더 플레이그라운드

before we go home?
비포 위 고 홈?

네! 놀이터에서 놀고 싶어요.

Sure! I want to go and play at the playground.
슈어! 아이 원 투 고 앤 플레이 엣 더 플레이그라운드.

Expression

놀이터에서 놀고 싶어요.
I want to go and play at the playground.

3번 반복해서 읽고 V 표시해 주세요.

원어민 발음 QR코드

○○○	I want to go and play at the playground.
	놀이터에서 놀고 싶어요.
○○○	
○○○	
○○○	
○○○	
○○○	
○○○	

LEVEL UP! 회화선생님과 함께 연습해 보세요.

Q. Do you have a playground near your place? Do you usually see a lot of kids there?

집 주변에 놀이터가 있나요? 놀이터에 보통 아이들이 많나요?

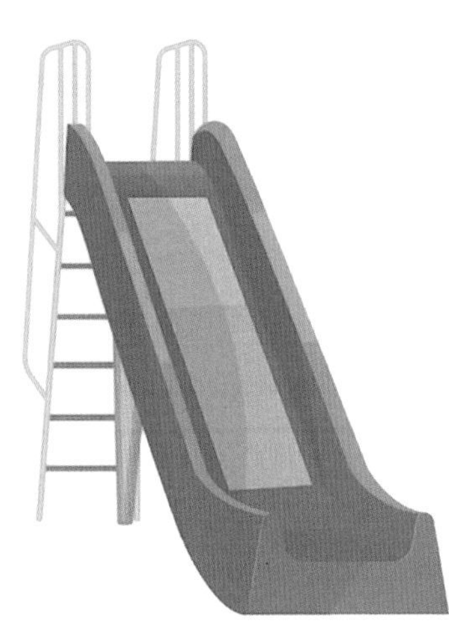

이제 집으로 갈까? 다 놀았어?

Can we go home? Have you finished playing?

캔 위 고 홈? 헤브 유 피니쉬드 플레잉?

미끄럼틀 한 번 더 타고 가도 돼요?

Can I go down the slide one more time?

캔 아이 고 다운 더 슬라이드 원 모어 타임?

Expression

다 놀았어?

Have you finished playing?

3번 반복해서 읽고 V 표시해 주세요.

◯◯◯	Have you finished playing? 다 놀았어?
◯◯◯	
◯◯◯	
◯◯◯	
◯◯◯	
◯◯◯	
◯◯◯	

LEVEL UP! 회화선생님과 함께 연습해 보세요.

Q. When you were a child, how did you feel when you had to come home after playing outside?

어렸을 때, 밖에서 놀다 집에 들어갈 때 어떤 기분이었나요?

저 시소 타고 싶어요!

I want to play on the seesaw!

아이 원 투 플레이 온 더 시소!

시소는 자리가 없어. 그네 타고 놀래?

None of the seesaws are free.

논 오브 더 시소스 알 프리.

Do you want to go on the swing?

두 유 원 투 고 온 더 스윙?

Expression

그네 타고 놀래?

Do you want to go on the swing?

3번 반복해서 읽고 V 표시해 주세요.

원어민 발음 QR코드

V○○○	Do you want to go on the swing?
	그네 타고 놀래?
○○○	
○○○	
○○○	
○○○	
○○○	
○○○	

LEVEL UP! 회화선생님과 함께 연습해 보세요.

Q. Were you patient when you were a child?

어렸을 때 인내심이 많은 아이였었나요?

51 52 53 54 55 실외놀이 Re

You should say it in a nice way.
말 예쁘게 해야지.

Don't go too far.
너무 멀리 가지 마.

I want to go and play at the playground.
놀이터에서 놀고 싶어요.

Have you finished playing?
다 놀았어?

Do you want to go on the swing?
그네 타고 놀래?

3번 반복해서 읽고 영문를 쓰고 V 표시해 주세요.

○○○	
	말 예쁘게 해야지.
○○○	
	너무 멀리 가지 마.
○○○	
	놀이터에서 놀고 싶어요.
○○○	
	다 놀았어?
○○○	
	그네 타고 놀래?

Review

56 실외놀이

같이 놀아요!

Let’s play together!

렛츠 플레이 투게더!

그래! 숨바꼭질하자.

Sure! Let’s play hide-and-seek.

슈어! 렛츠 플레이 하이드 앤 씩.

Expression

숨바꼭질하자.

Let’s play hide-and-seek.

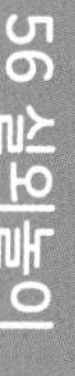

3번 반복해서 읽고 V 표시해 주세요.

원어민 발음 QR코드

○○○	Let's play hide-and-seek. 숨바꼭질하자.
○○○	
○○○	
○○○	
○○○	
○○○	
○○○	

LEVEL UP! 회화선생님과 함께 연습해 보세요.

Q. Were you good at playing hide-and-seek when you were a child?

어렸을 때, 숨바꼭질을 잘하는 편이셨나요?

57 실외놀이

저 찾아보세요!

Look for me, please!

룩 포 미, 플리즈!

어디로 갔지?

Where are you?

웨어 알 유?

Expression

어디로 갔지?

Where are you?

3번 반복해서 읽고 V 표시해 주세요.

원어민 발음 QR코드

○○○	Where are you?
	어디로 갔지?
○○○	
○○○	
○○○	
○○○	
○○○	
○○○	

LEVEL UP! 회화선생님과 함께 연습해 보세요.

Q. Can you quickly spot your family when there are a lot of people around?

많은 사람 중에 가족을 빠르게 찾아낼 수 있으신가요?

집에 가기 전에 놀고 싶어요!

I want to play before we go home!

아이 원 투 플레이 비포 위 고 홈!

그래, 우리 얼마 동안 놀까?

Sure, how long should we play?

슈어, 하우 롱 슈드 위 플레이?

Expression

우리 얼마 동안 놀까?

How long should we play?

3번 반복해서 읽고 V 표시해 주세요.

원어민 발음 QR코드

V ○ ○	how long should we play?
	우리 얼마 동안 놀까?
○ ○ ○	
○ ○ ○	
○ ○ ○	
○ ○ ○	
○ ○ ○	
○ ○ ○	

LEVEL UP! 회화선생님과 함께 연습해 보세요.

Q. How long can you stay focused when you're doing something?

무언가를 할 때, 얼마나 긴 시간 동안 집중하실 수 있으세요?

59 실외놀이

오늘은 새로운 공원에 가 보자.

How about we go to a new park today.

하우 어바웃 위 고 투어 뉴 파크 투데이.

재미있겠지?

It'll be so much fun?

잇윌 비 소 머치 펀?

Expression

재미있겠지?

It'll be so much fun?

3번 반복해서 읽고 V 표시해 주세요.

원어민 발음 QR코드

✓○○	It'll be so much fun? 재미있겠지?
○○○	
○○○	
○○○	
○○○	
○○○	
○○○	

LEVEL UP! 회화선생님과 함께 연습해 보세요.

Q. Tell me about a park you often go to.

자주 가는 공원에 대해 말해 주세요.

여기 너무 예쁜 것 같아요!

This place is so beautiful!

디스 플레이스 이즈 쏘 뷰티풀!

한번 구경해 보자.

Let's look around.

렛츠 룩 어라운드.

Expression

한번 구경해 보자.

Let's look around.

3번 반복해서 읽고 V 표시해 주세요.

원어민 발음 QR코드

◯◯◯	Let's look around.
	한번 구경해 보자.
◯◯◯	
◯◯◯	
◯◯◯	
◯◯◯	
◯◯◯	

LEVEL UP! 회화선생님과 함께 연습해 보세요.

Q. Do you enjoy looking at scenery when you travel? Which do you prefer: city views, mountain views, or ocean views?

여행할 때, 경관을 즐기시는 편이신가요? 도시경관, 산의 경관, 바다의 경관 중에 가장 선호하시는 것은 무엇인가요?

Let's play hide-and-seek.
숨바꼭질하자.

Where are you?
어디로 갔지?

How long should we play?
우리 얼마 동안 놀까?

It'll be so much fun?
재미있겠지?

Let's look around.
한번 구경해 보자.

3번 반복해서 읽고 영문를 쓰고 V 표시해 주세요.

✓○○	
	숨바꼭질하자.
○○○	
	어디로 갔지?
○○○	
	우리 얼마 동안 놀까?
○○○	
	재미있겠지?
○○○	
	한번 구경해 보자.

Review

손주의 인성을 코칭하는 문장 30

너와 함께 있으니 정말 기분 좋다.

I'm so happy to spend time with you.

아임 소 해피 투 스팬드 타임 위드 유.

언제 가장 행복해?

When do you feel the happiest?

웬 두 유 필 더 해피스트?

Expression

언제 가장 행복해?

When do you feel the happiest?

3번 반복해서 읽고 V 표시해 주세요.

○○○	When do you feel the happiest? 언제 가장 행복해?
○○○	
○○○	
○○○	
○○○	
○○○	
○○○	

LEVEL UP! 회화선생님과 함께 연습해 보세요.

Q. Tell me about your happiest moments these days.

요즘 가장 행복했던 순간에 관해 이야기해 주세요.

그림을 정말 잘 그린다!

You are so good at drawing!

유 알 소 굿 엣 드로잉!

가장 좋아하는 수업은 뭐야?

What is your favorite class?

왓 이즈 유어 페이버릿 클래스?

Expression

가장 좋아하는 수업은 뭐야?

What is your favorite class?

3번 반복해서 읽고 V 표시해 주세요.

원어민 발음 QR코드

○ ○ ○	What is your favorite class?
	가장 좋아하는 수업은 뭐야?
○ ○ ○	
○ ○ ○	
○ ○ ○	
○ ○ ○	
○ ○ ○	
○ ○ ○	

LEVEL UP! 회화선생님과 함께 연습해 보세요.

Q. What was your favorite subject in school?

학창 시절 가장 좋아했던 과목에 관해 이야기해 주시겠어요?

63 인정

우리 공원 갈까?

Why don't we go to the park?

와이 돈 위 고 투 더 파크?

가장 좋아하는 운동은 뭐야?

What is your favorite way to exercise?

왓 이즈 유얼 페이버릿 웨이 투 엑설사이즈?

Expression

가장 좋아하는 운동은 뭐야?

What is your favorite way to exercise?

3번 반복해서 읽고 V 표시해 주세요.

원어민 발음 QR코드

V○○○	What is your favorite way to exercise?
	가장 좋아하는 운동은 뭐야?
○○○	
○○○	
○○○	
○○○	
○○○	
○○○	

LEVEL UP! 회화선생님과 함께 연습해 보세요.

Q. What exercise do you do these days?

요즘에 어떤 운동을 하시나요?

저 줄넘기 잘해요!

I'm good at jumping rope!

아임 굿 엣 점핑 로프!

네가 가장 잘하는 건 뭐야?

What are you really good at?

왓 알 유 리얼리 굿 엣?

Expression

네가 가장 잘하는 건 뭐야?

What are you really good at?

3번 반복해서 읽고 V 표시해 주세요.

원어민 발음 QR코드

○○○	What are you really good at? 네가 가장 잘하는 건 뭐야?
○○○	
○○○	
○○○	
○○○	
○○○	
○○○	

LEVEL UP! 회화선생님과 함께 연습해 보세요.

Q. What are you really good at?

본인이 정말 잘하는 특기가 있다면 무엇이 있을까요?

오늘은 너무 심심해요.

I'm so bored today.

아임 쏘 볼드 투데이.

어떤 놀이를 하고 싶어?

What game do you want to play today?

왓 게임 두 유 원트 투 플레이 투데이?

어떤 놀이를 하고 싶어?

What game do you want to play today?

3번 반복해서 읽고 V 표시해 주세요.

원어민 발음 QR코드

✓ ○ ○	What game do you want to play today?
	어떤 놀이를 하고 싶어?
○ ○ ○	
○ ○ ○	
○ ○ ○	
○ ○ ○	
○ ○ ○	
○ ○ ○	

LEVEL UP! 회화선생님과 함께 연습해 보세요.

Q. What do you do when you are bored?

지루할 때 주로 무엇을 하세요?

When do you feel the happiest?
언제 가장 행복해?

What is your favorite class?
가장 좋아하는 수업은 뭐야?

What is your favorite way to exercise?
가장 좋아하는 운동은 뭐야?

What are you really good at?
네가 가장 잘하는 건 뭐야?

What game do you want to play today?
어떤 놀이를 하고 싶어?

3번 반복해서 읽고 영문를 쓰고 V 표시해 주세요.

☑○○	
	언제 가장 행복해?
○○○	
	가장 좋아하는 수업은 뭐야?
○○○	
	가장 좋아하는 운동은 뭐야?
○○○	
	네가 가장 잘하는 건 뭐야?
○○○	
	어떤 놀이를 하고 싶어?

Review

저 학원 안 가면 안 될까요?

Can I stop going to cram school?

캔 아이 스탑 고잉 투 크램 스쿨?

어떤 공부가 어려워?

What subject do you find difficult?

왓 서브젝트 두 유 파인드 디피컬트?

Expression

어떤 공부가 어려워?

What subject do you find difficult?

3번 반복해서 읽고 V 표시해 주세요.

원어민 발음 QR코드

○○○	What subject do you find difficult?
	어떤 공부가 어려워?
○○○	
○○○	
○○○	
○○○	
○○○	
○○○	

LEVEL UP! 회화선생님과 함께 연습해 보세요.

Q. What was your least favorite subject in school?

학창 시절 가장 싫어했던 과목에 관해 이야기해 주시겠어요?

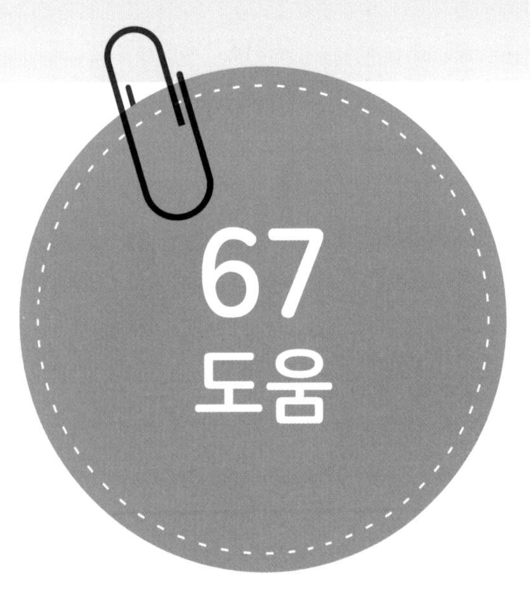

어려워서 못 할 것 같아요.

I don't think I can do it because it is too difficult.

아이 돈 띵크 아이 캔 두 잇 비코우즈 잇 이즈 투 디피컬트

어떤 걸 도와줄까?

How can I help?

하우 캔 아이 헬프?

어떤 걸 도와줄까?

How can I help?

3번 반복해서 읽고 V 표시해 주세요.

원어민 발음 QR코드

V ○ ○ ○	How can I help?
	어떤 걸 도와줄까?
○ ○ ○	
○ ○ ○	
○ ○ ○	
○ ○ ○	
○ ○ ○	
○ ○ ○	

LEVEL UP! 회화선생님과 함께 연습해 보세요.

Q. Do you consider yourself patient?

인내심이 있으신 편이라고 생각하시나요?

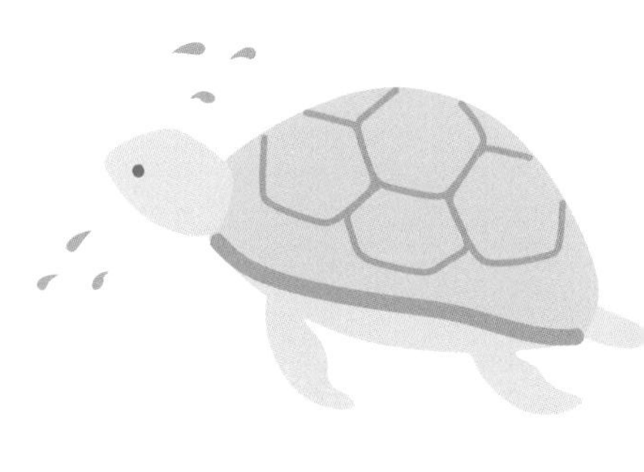

기분이 안 좋아졌어?

Are you feeling bad?

알 유 필링 배드?

하루 중에 가장 힘든 순간은 언제야?

What time of the day do you find the hardest?

왓 타임 오브 더 데이 두 유 파인드 더 할디스트?

Expression

하루 중에 가장 힘든 순간은 언제야?

What time of the day do you find the hardest?

3번 반복해서 읽고 V 표시해 주세요.

☑ ○ ○	What time of the day do you find the hardest? 하루 중에 가장 힘든 순간은 언제야?
○ ○ ○	
○ ○ ○	
○ ○ ○	
○ ○ ○	

LEVEL UP! 회화선생님과 함께 연습해 보세요.

Q. What time of the day do you find the hardest?

하루 중에 가장 힘든 순간은 언제인가요?

오늘도 어제처럼 즐거웠으면 좋겠어요.

I hope today is as fun as yesterday.

아이 호프 투데이 이즈 에즈 펀 에즈 예스터데이.

어제 무슨 재미있는 일이 있었어?

What fun thing did you do yesterday?

왓 펀 띵 디드 유 두 예스터데이?

Expression

어제 무슨 재미있는 일이 있었어?

What fun thing did you do yesterday?

3번 반복해서 읽고 V 표시해 주세요.

원어민 발음 QR코드

○○○	What fun thing did you do yesterday? 어제 무슨 재미있는 일이 있었어?
○○○	
○○○	
○○○	
○○○	
○○○	
○○○	

LEVEL UP! 회화선생님과 함께 연습해 보세요.

Q. Do you have any tips for enjoying free time?

즐겁게 지내기 위한 특별한 요령이나 방법이 있을까요?

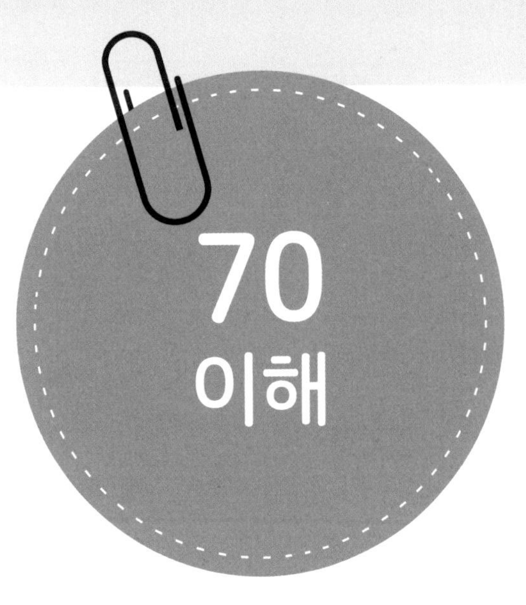

오늘은 일찍 잘게요.

I'm going to bed early today.

아임 고잉 투 베드 얼리 투데이.

자주 꾸는 꿈이 있어?

Do you often have the same dream?

두 유 오픈 헤브 더 세임 드림?

Expression

자주 꾸는 꿈이 있어?

Do you often have the same dream?

3번 반복해서 읽고 V 표시해 주세요.

원어민 발음 QR코드

○○○	Do you often have the same dream?
	자주 꾸는 꿈이 있어?
○○○	
○○○	
○○○	
○○○	
○○○	
○○○	

LEVEL UP! 회화선생님과 함께 연습해 보세요.

Q. Tell me about the most interesting dream you have ever had while you were asleep.

지금까지 꿨던 꿈들 중 가장 흥미로운 꿈은 무엇인지 이야기 해 주세요.

What subject do you find difficult?
어떤 공부가 어려워?

How can I help?
어떤 걸 도와줄까?

What time of the day do you find the hardest
하루 중에 가장 힘든 순간은 언제야?

What fun thing did you do yesterday?
어제 무슨 재미있는 일이 있었어?

Do you often have the same dream?
자주 꾸는 꿈이 있어?

3번 반복해서 읽고 영문를 쓰고 V 표시해 주세요.

○○○	
	어떤 공부가 어려워?
○○○	
	어떤 걸 도와줄까?
○○○	
	하루 중에 가장 힘든 순간은 언제야?
○○○	
	어제 무슨 재미있는 일이 있었어?
○○○	
	자주 꾸는 꿈이 있어?

Review

우리 음악 들으면서 갈까?

Why don’t we listen to some music?

와이 돈 위 리슨 투 썸 뮤직?

어떤 노래가 좋아?

What is your favorite song?

왓 이즈 유얼 페이버릿 송?

Expression

어떤 노래가 좋아?

What is your favorite song?

3번 반복해서 읽고 V 표시해 주세요.

원어민 발음 QR코드

✓○○	What is your favorite song?
	어떤 노래가 좋아?
○○○	
○○○	
○○○	
○○○	
○○○	
○○○	

LEVEL UP! 회화선생님과 함께 연습해 보세요.

Q. Tell me about your favoirte song.

가장 좋아하는 노래에 관해 말해 주세요.

재미있었어?

Did you have fun?

디드 유 헤브 펀?

오늘 좋은 일이 있었니?

Did anything good happen today?

디드 에니띵 굿 해픈 투데이?

Expression

오늘 좋은 일이 있었니?

Did anything good happen today?

3번 반복해서 읽고 V 표시해 주세요.

원어민 발음 QR코드

V ○ ○ ○	Did anything good happen today? 오늘 좋은 일이 있었니?
○ ○ ○	
○ ○ ○	
○ ○ ○	
○ ○ ○	
○ ○ ○	
○ ○ ○	

LEVEL UP! 회화선생님과 함께 연습해 보세요.

Q. How can you make your day tomorrow better than today?

어떻게 더 나은 내일을 만들어 나갈 수 있을까요?

네가 가장 좋아하는 동물이 무엇이야?

What is your favorite animal?

왓 이즈 유얼 페이버릿 애니멀?

동물원에 가고 싶어요.

I want to go to the zoo.

아이 원트 투 고 투 더 쥬.

Expression

동물원에 가고 싶어요.

I want to go to the zoo.

3번 반복해서 읽고 V 표시해 주세요.

V ○ ○ ○	I want to go to the zoo. 동물원에 가고 싶어요.
○ ○ ○	
○ ○ ○	
○ ○ ○	
○ ○ ○	
○ ○ ○	
○ ○ ○	

LEVEL UP! 회화선생님과 함께 연습해 보세요.

Q. What is your favorite animal?

가장 좋아하는 동물이 무엇인가요?

어떤 색종이로 만들까?

Which color of paper should we with?

위치 컬러 오브 페이퍼 슈드 위 위드?

가장 좋아하는 색깔이 뭐야?

What is your favorite color?

왓 이즈 유얼 페이버릿 컬러?

Expression

가장 좋아하는 색깔이 뭐야?

What is your favorite color?

3번 반복해서 읽고 V 표시해 주세요.

원어민 발음 QR코드

○○○	What is your favorite color?
	가장 좋아하는 색깔이 뭐야?
○○○	
○○○	
○○○	
○○○	
○○○	
○○○	

LEVEL UP! 회화선생님과 함께 연습해 보세요.

Q. What is your favorite color?

가장 좋아하는 색깔이 무엇인가요?

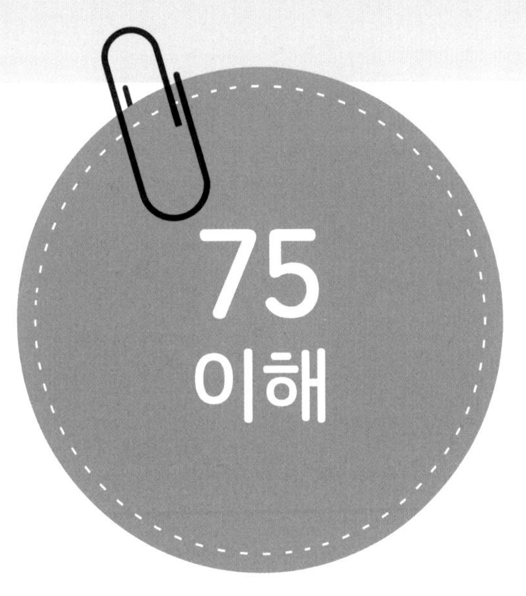

75 이해

오늘도 재미있게 놀았어?

Did you have a lot of fun today too?

디드 유 헤브 어 랏 오브 펀 투데이 투?

오늘 어떤 순간이 가장 특별했니?

What was the best thing that happened today

왓 워즈 더 베스트 띵 뎃 해픈드 투데이?

Expression

오늘 어떤 순간이 가장 특별했니?

What was the best thing that happened today?

3번 반복해서 읽고 V 표시해 주세요.

원어민 발음 QR코드

○○○	What was the best thing that happened today? 오늘 어떤 순간이 가장 특별했니?
○○○	
○○○	
○○○	
○○○	

LEVEL UP! 회화선생님과 함께 연습해 보세요.

Q. What was the best thing that happened today?

오늘 일어난 일 중 가장 즐거운 일은 무엇인가요?

What is your favorite song?
어떤 노래가 좋아?

Did anything good happen today?
오늘 좋은 일이 있었니?

I want to go to the zoo.
동물원에 가고 싶어요.

What is your favorite color?
가장 좋아하는 색깔이 뭐야?

What was the best thing that happened today?
오늘 어떤 순간이 가장 특별했니?

3번 반복해서 읽고 영문를 쓰고 V 표시해 주세요.

○○○	
	어떤 노래가 좋아?
○○○	
	오늘 좋은 일이 있었니?
○○○	
	동물원에 가고 싶어요.
○○○	
	가장 좋아하는 색깔이 뭐야?
○○○	
	오늘 어떤 순간이 가장 특별했니?

Review

내일도 친구와 놀고 싶어요.

I want to play again with my friend tomorrow.

아이 원트 투 플레이 어게인 위드 마이 프랜드 투머로우.

어떤 친구와 친해?

Who is your best friend?

후 이즈 유얼 베스트 프랜드?

어떤 친구와 친해?

Who is your best friend?

3번 반복해서 읽고 V 표시해 주세요.

원어민 발음 QR코드

○ ○ ○	Who is your best friend? 어떤 친구와 친해?
○ ○ ○	
○ ○ ○	
○ ○ ○	
○ ○ ○	
○ ○ ○	
○ ○ ○	

LEVEL UP! 회화선생님과 함께 연습해 보세요.

Q. Tell me about your best friend.

가장 친한 친구에 관해 이야기해 주세요.

잘 놀고 왔어? 왜 기분이 안 좋아 보여?

Did you have fun? Why do you look down?

디드 유 헤브 펀? 와이 두 유 룩 다운?

친구들과 싸우면 어떻게 화해하니?

How do you make up with friends after a fight?

하우 두 유 메이크 업 위드 프렌즈 에프터 어 파이트?

Expression

친구들과 싸우면 어떻게 화해하니?

How do you make up with friends after a fight?

3번 반복해서 읽고 V 표시해 주세요.

원어민 발음 QR코드

✓ ○ ○	How do you make up with friends after a fight? 친구들과 싸우면 어떻게 화해하니?
○ ○ ○	
○ ○ ○	
○ ○ ○	
○ ○ ○	

LEVEL UP! 회화선생님과 함께 연습해 보세요.

Q. Do you tend to like arguing, or do you avoid it?

싸움을 피하시는 편이신가요? 아니면 정면으로 맞서는 편이신가요?

친구에게 생일선물을 주고 싶어요.

I want to give a present to my friend.

아이 원트 투 기브 어 프레즌트 투 마이 프렌즈.

너는 기억에 남는 선물이 있니?

What is the most memorable present

왓 이즈 더 모스트 메모러블 프레즌트

you've ever gotten?

유브 에버 갓튼?

Expression

너는 기억에 남는 선물이 있니?

What is the most memorable present you've ever gotten?

3번 반복해서 읽고 V 표시해 주세요.

원어민 발음 QR코드

○○○	What is the most memorable present you've ever gotten? 너는 기억에 남는 선물이 있니?
○○○	
○○○	
○○○	
○○○	

LEVEL UP! 회화선생님과 함께 연습해 보세요.

Q. What is the most memorable present you've ever gotten?

지금까지 받았던 선물 중에 가장 기억에 남는 것은 무엇인가요?

새로운 친구들 만나려니 긴장돼요.

I'm nervous about making new friends.

아임 널브스 어바웃 메이킹 뉴 프렌즈.

자기소개해 볼까?

Why don't you introduce yourself?

와이 돈 유 인트로듀스 유얼셀프?

Expression

자기소개해 볼까?

Why don't you introduce yourself?

3번 반복해서 읽고 V 표시해 주세요.

원어민 발음 QR코드

☑ ○ ○	Why don't you introduce yourself?
	자기소개해 볼까?
○ ○ ○	
○ ○ ○	
○ ○ ○	
○ ○ ○	
○ ○ ○	
○ ○ ○	

LEVEL UP! 회화선생님과 함께 연습해 보세요.

Q. Do you feel comfortable introducing yourself to strangers?

자신을 소개하는 것을 좋아하는 편이신가요?

우아! 무지개다!

Wow! That's a rainbow!

와우 뎃츠 어 레인보우!

하늘을 올려다보면 어떤 것들이 보여?

What do you see when you look up to the sky

왓 두 유 씨 웬 유 룩 업 투 더 스카이

Expression

하늘을 올려다보면 어떤 것들이 보여?

What do you see when you look up to the sky?

3번 반복해서 읽고 V 표시해 주세요.

원어민 발음 QR코드

✓ ○ ○	What do you see when you look up to the sky? 하늘을 올려다보면 어떤 것들이 보여?
○ ○ ○	
○ ○ ○	
○ ○ ○	
○ ○ ○	

LEVEL UP! 회화선생님과 함께 연습해 보세요.

Q. When was the last time you enjoyed the night sky?

야경을 마지막으로 즐겼던 때가 언제인가요?

Who is your best friend?
어떤 친구와 친해?

How do you make up with friends after a fight?
친구들과 싸우면 어떻게 화해하니?

What is the most memorable present you've ever gotten?
너는 기억에 남는 선물이 있니?

Why don't you introduce yourself?
자기소개해 볼까?

What do you see when you look up to the sky?
하늘을 올려다보면 어떤 것들이 보여?

3번 반복해서 읽고 영문를 쓰고 V 표시해 주세요.

☑ ○ ○	
	어떤 친구와 친해?
○ ○ ○	
	친구들과 싸우면 어떻게 화해하니?
○ ○ ○	
	너는 기억에 남는 선물이 있니?
○ ○ ○	
	자기소개해 볼까?
○ ○ ○	
	하늘을 올려다보면 어떤 것들이 보여?

Review

81 창의성

밖에 비가 와요!

It's raining!

잇츠 레이닝!

비 오는 날 무엇을 하고 싶어?

What do you like to do on a rainy day?

왓 두 유 라이크 투 두 온 어 레이니 데이?

Expression

비 오는 날 무엇을 하고 싶어?

What do you like to do on a rainy day?

3번 반복해서 읽고 V 표시해 주세요.

원어민 발음 QR코드

☑ ○ ○	What do you like to do on a rainy day?
	비 오는 날 무엇을 하고 싶어?
○ ○ ○	
○ ○ ○	
○ ○ ○	
○ ○ ○	
○ ○ ○	
○ ○ ○	

LEVEL UP! 회화선생님과 함께 연습해 보세요.

Q. What do you like to do on a rainy day?

비 오는 날 무엇을 하고 싶으신가요?

저는 우주 비행사가 될 거예요!

I want to be an astronaut!

아이 원트 투 비 어 에스트로넛트!

그래? 하늘을 날 수 있다면 어떨 것 같아?

Is that so?

이즈 뎃 소?

How would you feel if you could fly in the sky?

하우 우드 유 필 이프 유 쿠드 플라이 인 더 스카이

하늘을 날 수 있다면 어떨 것 같아?

How would you feel if you could fly in the sky?

3번 반복해서 읽고 V 표시해 주세요.

원어민 발음 QR코드

○○○	How would you feel if you could fly in the sky?
	하늘을 날 수 있다면 어떨 것 같아?
○○○	
○○○	
○○○	
○○○	
○○○	
○○○	

LEVEL UP! 회화선생님과 함께 연습해 보세요.

Q. How would you feel if you could fly?

하늘을 날 수 있다면 어떤 기분일까요?

83 창의성

어른이 되면 하고 싶은 게 많아요!

I have so many things that I want to try
아이 헤브 소 메니 띵즈 덧 아이 원트 투 트라이

when I grow up!
웬 아이 그로우 업!

어떤 꿈이 있니?

What is your dream job?
왓 이즈 유얼 드림 잡?

Expression

어떤 꿈이 있니?
What is your dream job?

3번 반복해서 읽고 V 표시해 주세요.

✓ ○ ○	What is your dream job?
	어떤 꿈이 있니?
○ ○ ○	
○ ○ ○	
○ ○ ○	
○ ○ ○	
○ ○ ○	
○ ○ ○	

LEVEL UP! 회화선생님과 함께 연습해 보세요.

Q. What was your dream job when you were in elementary school?

초등학교 때 꿈으로 가졌던 직업은 무엇이었나요?

드디어 겨울방학이에요!

Finally, the winter vacation has started!

파이널리, 더 윈터 베케이션 헤즈 스타티드!

방학에 무엇을 하고 싶어?

What do you want to do during your vacat

왓 두 유 원 투 두 듀어링 유얼 베케이

방학에 무엇을 하고 싶어?

What do you want to do during your vacation?

3번 반복해서 읽고 V 표시해 주세요.

원어민 발음 QR코드

☑ ○ ○	What do you want to do during your vacation?
○ ○ ○	방학에 무엇을 하고 싶어?
○ ○ ○	
○ ○ ○	
○ ○ ○	
○ ○ ○	
○ ○ ○	

LEVEL UP! 회화선생님과 함께 연습해 보세요.

Q. Why do students need vacations?

학생들에게 왜 방학이 필요할까요?

정말 신기해요! 마법 같아요!

It's amazing! It is just like magic!

잇츠 어메이징! 잇 이즈 저스트 라이크 매직!

마법을 사용할 수 있다면 어떤 마법을 해보고 싶어?

If you could do magic,

이프 유 쿠드 두 매직,

what kind of magic, would you want to do?

왓 카인드 오브 매직, 우드 유 원트 투 두?

Expression

마법을 사용할 수 있다면 어떤 마법을 해보고 싶어?

If you could do magic, what kind of magic would you want to do?

3번 반복해서 읽고 V 표시해 주세요.

○○○	If you could do magic, what kind of magic would you want to do? 마법을 사용할 수 있다면 어떤 마법을 해보고 싶어?
○○○	
○○○	
○○○	

LEVEL UP! 회화선생님과 함께 연습해 보세요.

Q. If you could do magic, what kind of magic would you want to do?

마법을 사용할 수 있다면 어떤 마법을 해보고 싶어?

What do you like to do on a rainy day?
비 오는 날 무엇을 하고 싶어?

How would you feel if you could fly in the sky?
하늘을 날 수 있다면 어떨 것 같아?

What is your dream job?
어떤 꿈이 있니?

What do you want to do during your vacation?
방학에 무엇을 하고 싶어?

If you could do magic, what kind of magic would you want to do?
마법을 사용할 수 있다면 어떤 마법을 해보고 싶어?

3번 반복해서 읽고 영문를 쓰고 V 표시해 주세요.

○○○	
	비 오는 날 무엇을 하고 싶어?
○○○	
	하늘을 날 수 있다면 어떨 것 같아?
○○○	
	어떤 꿈이 있니?
○○○	
	방학에 무엇을 하고 싶어?
○○○	
	마법을 사용할 수 있다면 어떤 마법을 해보고 싶어?

Review

86 창의성

돌아가기 너무 아쉬워요.

I really don't want to go back home.

아이 리얼리 돈 원트 투 고 백 홈.

만약 시간이 멈춘다면 어떤 일이 일어날까?

If time stood still, what would happen?

이프 타임 스투드 스틸, 왓 우드 헤픈?

Expression

만약 시간이 멈춘다면 어떤 일이 일어날까?

If time stood still, what would happen?

3번 반복해서 읽고 V 표시해 주세요.

원어민 발음 QR코드

○○○	If time stood still, what would happen?
	만약 시간이 멈춘다면 어떤 일이 일어날까?
○○○	
○○○	
○○○	
○○○	
○○○	
○○○	

LEVEL UP! 회화선생님과 함께 연습해 보세요.

Q. If time stood still, what would happen?

만약 시간이 멈춘다면, 어떤 일이 일어날까요?

우리 가족이 제일 좋아요!

My family is the best!

마이 페밀리 이즈 더 베스트!

가장 기억에 남는 순간은 언제였어?

What is your favorite memory?

왓 이즈 유얼 페이버릿 메모리?

Expression

가장 기억에 남는 순간은 언제였어?

What is your favorite memory?

3번 반복해서 읽고 V 표시해 주세요.

원어민 발음 QR코드

V○○○	What is your favorite memory?
	가장 기억에 남는 순간은 언제였어?
○○○	
○○○	
○○○	
○○○	
○○○	
○○○	

LEVEL UP! 회화선생님과 함께 연습해 보세요.

Q. What is your favorite memory?

가장 좋아하는 기억이나 추억에 관해 이야기해 주세요.

오늘은 말하고 싶지 않아요.

I don’t feel like talking today.

아이 돈트 필 라이크 토킹 투데이.

마음이 힘들 때 어떻게 해?

What do you do when you feel really bad?

왓 두 유 두 웬 유 필 리얼리 베드?

Expression

마음이 힘들 때 어떻게 해?

What do you do when you feel really bad?

3번 반복해서 읽고 V 표시해 주세요.

원어민 발음 QR코드

V○○○	What do you do when you feel really bad? 마음이 힘들 때 어떻게 해?
○○○	
○○○	
○○○	
○○○	

LEVEL UP! 회화선생님과 함께 연습해 보세요.

Q. What do you do when you feel really bad?

마음이 힘들 때 어떻게 하시나요?

오늘 학교에서 재미있었어요!

I had fun at school today!

아이 헤드 펀 엣 스쿨 투데이!

어떤 선생님을 좋아해?

Who is your favorite teacher?

후 이즈 유얼 페이버릿 티처?

Expression

어떤 선생님을 좋아해?

Who is your favorite teacher?

3번 반복해서 읽고 V 표시해 주세요.

원어민 발음 QR코드

✓○○	Who is your favorite teacher? 어떤 선생님을 좋아해?
○○○	
○○○	
○○○	
○○○	
○○○	
○○○	

LEVEL UP! 회화선생님과 함께 연습해 보세요.

Q. Who was your favorite teacher in school?

학창 시절 어떤 선생님을 좋아하셨었나요?

오늘도 재미있었습니다.

Today was fun.

투데이 워즈 펀.

오늘 무엇에 감사해?

What do you appreciate about today?

왓 두 유 어프리시에이트 어바웃 투데이?

Expression

오늘 무엇에 감사해?

What do you appreciate about today?

3번 반복해서 읽고 V 표시해 주세요.

원어민 발음 QR코드

○○○	What do you appreciate about today?
	오늘 무엇에 감사해?
○○○	
○○○	
○○○	
○○○	
○○○	
○○○	

LEVEL UP! 회화선생님과 함께 연습해 보세요.

Q. What do you appreciate about today?

오늘 감사할 만한 일이 무엇이 있었나요?

If time stood still, what would happen?
만약 시간이 멈춘다면 어떤 일이 일어날까?

What is your favorite memory?
가장 기억에 남는 순간은 언제였어?

What do you do when you feel really bad?
마음이 힘들 때 어떻게 해?

Who is your favorite teacher?
어떤 선생님을 좋아해?

What do you appreciate about today?
오늘 무엇에 감사해?

3번 반복해서 읽고 영문를 쓰고 V 표시해 주세요.

○○○	
	만약 시간이 멈춘다면 어떤 일이 일어날까?
○○○	
	가장 기억에 남는 순간은 언제였어?
○○○	
	마음이 힘들 때 어떻게 해?
○○○	
	어떤 선생님을 좋아해?
○○○	
	오늘 무엇에 감사해?

Review

칭찬으로 행복을 키우는 문장 10

91. 넌 정말 창의적인 상상력을 가지고 있구나!

You have such a creative imagination!

유 헤브 써치 어 크리에이티브 이메지네이션!

92. 네가 생각을 표현하는 방식이 너무 좋아.

I like the way you express your thoughts.

아이 라이크 더 웨이 유 익스프레스 유얼 또우츠.

93. 넌 정말 열심히 준비했구나!

You prepared so hard!

유 프리페어드 쏘 할드!

94. 넌 굉장히 재미있어.

You are very funny.

유 알 베리 퍼니.

95. 어떤 일을 해도 최선을 다하는구나!

No matter what you do, you do your best!

노 메터 왓 유 두, 유 두 유얼 베스트!

3번 반복해서 읽고 영문를 쓰고 V 표시해 주세요.

○ ○ ○	
	넌 정말 창의적인 상상력을 가지고 있구나!
○ ○ ○	
	네가 생각을 표현하는 방식이 너무 좋아.
○ ○ ○	
	넌 정말 열심히 준비했구나!
○ ○ ○	
	넌 굉장히 재미있어.
○ ○ ○	
	어떤 일을 해도 최선을 다하는구나!

96. 넌 정말 열심히 듣는구나.

You really listen carefully

유 리얼리 리슨 케어플리.

97. 새로운 것을 빨리 배울 수 있구나. 대단해.

You are a fast learner. Wonderful.

유 알 어 페스트 러너. 원더풀.

98. 좋은 친구가 되기 위해 노력하는구나.

You are trying to be a good friend.

유 알 트라잉 투 비 어 굿 프렌드.

99. 기억력이 대단하다!

You have a great memory!

유 헤브 어 그레이트 메모리!

100. 어려운 순간인데 용감하구나!

Even though it's difficult, you are being so brave!

이븐 도우 잇츠 디피컬트, 유 알 빙 쏘 브레이브!

3번 반복해서 읽고 영문를 쓰고 V 표시해 주세요.

○○○	
	넌 정말 열심히 듣는구나.
○○○	
	새로운 것을 빨리 배울 수 있구나. 대단해.
○○○	
	좋은 친구가 되기 위해 노력하는구나.
○○○	
	기억력이 대단하다!
○○○	
	어려운 순간인데 용감하구나!

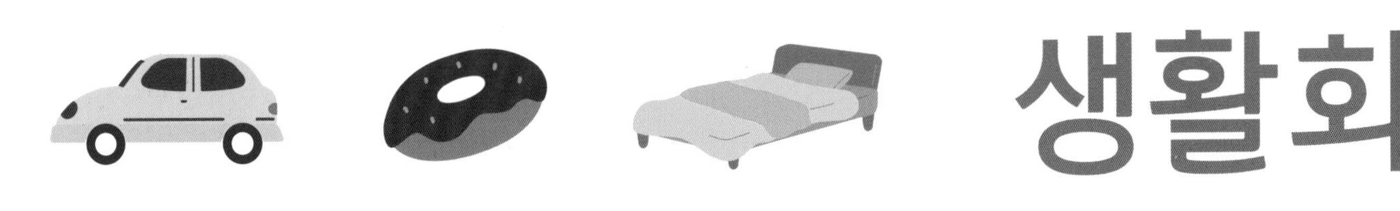

01. Please get dressed. 옷 입고 신발 신어.

02. Let's get in the elevator. 엘리베이터 타자.

03. Remember to buckle up your seatbelt. 안전벨트 잊지 마.

04. We are going to the grocery store. 우린 슈퍼 가는 거야.

05. Let me take a picture of you. 사진 찍어 줄게.

06. Do you need to use the restroom? 너 쉬하고 싶구나?

07. Look out for cars. 차 조심해.

08. You must be hungry. 너 배고프겠다.

09. It's snowing heavily. 눈이 많이 내리고 있어.

10. Are you sick? 어디 아픈 거니?

11. I love you too? 할머니가 사랑하는 거 알지?

12. Hurry up! You're going to be late! 서둘러, 늦겠다!

13. Come and have your breakfast. 와서 아침 먹어.

14. What would you like to eat? 뭐 먹고 싶어?

15. Did you fart? 방귀 뀌었어?

16. Tell me about what you learned at school. 오늘 뭘 배웠는지 알려줘.

17. Don't forget to use soap. 비누로 씻자.

18. Would you like a snack? 간식 줄까?

19. Did you have a good time at preschool? 유치원 재미있었니?

20. It's time to take a bath. 목욕할 시간이야.

21. Did you have a good time with your friends? 친구들과 사이좋게 놀았어?

22. Sleep well, and I'll see you tomorrow. 잘 자고 내일 보자.

화 100

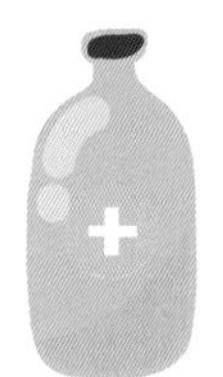

51. You should say it in a nice way. 말 예쁘게 해야지.
52. Don't go too far. 너무 멀리 가지 마.
53. I want to go and play at the playground. 놀이터에서 놀고 싶어요.
54. Have you finished playing? 다 놀았어?
55. Do you want to go on the swing? 그네 타고 놀래?
56. Let's play hide-and-seek. 숨바꼭질하자.
57. Where are you? 어디로 갔지?
58. How long should we play? 우리 얼마 동안 놀까?
59. It'll be so much fun? 재미있겠지?
60. Let's look around. 한번 구경해 보자.
61. When do you feel the happiest? 언제 가장 행복해?
62. What is your favorite class? 가장 좋아하는 수업은 뭐야?
63. What is your favorite way to exercise? 가장 좋아하는 운동은 뭐야?
64. What are you really good at? 네가 가장 잘하는 건 뭐야?
65. What game do you want to play today? 어떤 놀이를 하고 싶어?
66. What subject do you find difficult? 어떤 공부가 어려워?
67. How can I help? 어떤 걸 도와줄까?
68. What time of the day do you find the hardest? 하루 중에 가장 힘든 순간은 언제야?
69. What fun thing did you do yesterday? 어제 무슨 재미있는 일이 있었어?
70. Do you often have the same dream? 자주 꾸는 꿈이 있어?
71. What is your favorite song? 어떤 노래가 좋아?
72. Did anything good happen today? 오늘 좋은 일이 있었니?

73. I want to go to the zoo. 동물원에 가고 싶어요.

74. What is your favorite color? 가장 좋아하는 색깔이 뭐야?

75. What was the best thing that happened today? 오늘 어떤 순간이 가장 특별했니?

76. Who is your best friend? 어떤 친구와 친해?

77. How do you make up with friends after a fight? 친구들과 싸우면 어떻게 화해하니

78. What is the most memorable present you've ever gotten? 너는 기억에 남는 선물이 있니

79. Why don't you introduce yourself? 자기소개해 볼까?

80. What do you see when you look up to the sky? 하늘을 올려다보면 어떤 것들이 보여

81. What do you like to do on a rainy day? 비 오는 날 무엇을 하고 싶어?

82. How would you feel if you could fly in the sky? 하늘을 날 수 있다면 어떨 것 같아

83. What is your dream job? 어떤 꿈이 있니?

84. What do you want to do during your vacation? 방학에 무엇을 하고 싶어?

85. If you could do magic, what kind of magic would you want to do? 마법을 사용할 수 있다면 어떤 마법을 해보고 싶

86. If time stood still, what would happen? 만약 시간이 멈춘다면 어떤 일이 일어날까

87. What is your favorite memory? 가장 기억에 남는 순간은 언제였어?

88. What do you do when you feel really bad? 마음이 힘들 때 어떻게 해?

89. Who is your favorite teacher? 어떤 선생님을 좋아해?

90. What do you appreciate about today? 오늘 무엇에 감사해?

91. You have such a creative imagination! 넌 정말 창의적인 상상력을 가지고 있구나!

92. I like the way you express your thoughts. 네가 생각을 표현하는 방식이 너무 좋아

93. You prepared so hard! 넌 정말 열심히 준비했구나!

94. You are very funny. 넌 굉장히 재미있어.

95. No matter what you do, you do your best! 어떤 일을 해도 최선을 다하는구나!

96. You really listen carefully. 넌 정말 열심히 듣는구나.

97. You are a fast learner Wonderful. 새로운 것을 빨리 배울 수 있구나. 대단해.

98. You are trying to be a good friend. 좋은 친구가 되기 위해 노력하는구나.

99. You have a great memory! 기억력이 대단하다!

100. Even though it's difficult, you are being so brave! 어려운 순간인데 용감하구나!

23. Let's read some books. 우리 책 읽자.
24. Would you like a hug? 안아 줄까?
25. You need to keep your promise. 약속 지켜야지.
26. You're having too many sweets. 너 단것 너무 많이 먹어.
27. I don't think that's a good idea. 그렇게 하지 마.
28. Be careful! 조심해!
29. Sit back away from the TV. TV에서 물러나렴.
30. Don't ever hit your brother. 동생 때리면 안 돼.
31. Put your toys away first. 먼저 장난감 치워.
32. You are just like a baker! 너 요리사 같다!
33. What shape do you want the cookies to be? 어떤 모양 만들고 싶어?
34. What do you want to watch today? 오늘 저녁엔 어떤 프로그램 볼까?
35. What game should we play? 무슨 놀이할까?
36. Sorry, I'm too busy. 미안, 너무 바빠.
37. Only five more minutes, okay? 딱 5분만 더 하는 거다?
38. Time's up! No more TV! 시간 다 되었어! 이제 끝!
39. Rock, paper, scissors! 가위바위보!
40. Let's play doctor. 병원놀이 하자.
41. What do you feel like drawing? 뭘 그리고 싶니?
42. Let's use scissors to cut it. 가위로 오려 보자.
43. What do you want to build with blocks? 블록으로 뭘 만들고 싶니?
44. What song do you want to sing? 무슨 노래 부를까?
45. You should stop now. 이제 그만해.
46. You are good at drawing. 그림 잘 그리네.
47. You should share. 같이 써야지.
48. Why don't we read some books? 우리 책 좀 읽으면 어떨까?
49. You should keep going? 계속해 보는 게 어때?
50. I'll wait for you here at home. 여기 있을게.